ELOGES
HISTORIQUES
DES EVESQUES
ET ARCHEVESQUES
DE PARIS,

Qui ont gouverné cette Eglise depuis environ un Siecle, jusques au decés de M. FRANÇOIS DE HARLAY-CHANVALON, nommé par le Roy au Cardinalat.

A PARIS,
Chez FRANÇOIS MUGUET, Premier Imprimeur du Roy, du Clergé de France, & de M. l'Archevesque, ruë de la Harpe, aux trois Rois.

M D C X C V I I I.
Avec Approbation & Privilege du Roy.

A TRES-HAUTE
ET TRES-PUISSANTE DAME,

PAULE DE GONDI,

DUCHESSE DE RETZ, ET DE LESDIGUIERES,

COMTESSE DE JOIGNY, &c.

OUS ne vous contentez pas, MADAME, d'avoir embelli considerablement la Chapelle des Seigneurs de Gondi dans l'Eglise Metropolitaine de Paris : Vous souhaittez aussi de renouveller la memoire des quatre Prelats vos Anceſtres qui l'ont gouvernée prés d'un Siecle. Je tâcheray de vous ſatisfaire dans ce loüable deſir, & vous me permettrez bien de parler enſuite des Archevêques Succeſſeurs de leur Pontificat. L'Illuſtre François de Harlay-Chanvalon, nommé par Louis le Grand au Cardinalat, m'a laiſſé des marques de ſa bienveillance que le temps ne ſçauroit effacer de mon ſouvenir. Auſſi veux-je ſignaler ma reconnoiſſance à ſon égard le plus dignement qu'il me ſera poſſible. Je voudrois bien luy dreſſer un monument de ma gratitude qui fut éternel, comme ſon nom le ſera dans tous les Siecles à venir.

On peut dire ſans flaterie, MADAME, qu'on trouve peu de Maiſons en France qui égalent l'éclat de la voſtre, tant pour les dignitez Eccleſiaſtiques, pour les illuſtres Alliances, pour les Charges Militaires, pour celles de la Couronne, que pour les frequens Emplois aux Ambaſſades les plus importantes. Trois Cardinaux de Gondi ont regi l'Egliſe de Paris. Les deux premiers avoient part au gouvernement de l'Etat en qualité de Miniſtres & Chefs du Conſeil Royal. Le troiſiéme Cardinal ne cedoit point en merite aux autres; mais s'il n'euſt pas autant de bonheur, c'eſt que la fortune luy ſuſcita des traverſes inſurmontables dans un Regne de minorité. Celuy des quatre dont la perſonne ne fut pas ornée de la Pourpre Romaine, n'en possedoit pas moins le merite & les vertus; & ses rares qualitez servirent à faire orner son Siege de la dignité de Metropole, & luy-même, du glorieux nom de premier Archevesque de Paris, qu'il a transmis à ses Successeurs. Mais remontons au moins sommairement à la Genealogie des premiers, qui est la vostre, MADAME, & qui fait éclater les premiers rayons de la gloire de vostre illustre Maison.

Les Gondi vos Predecesseurs ont de temps immemorial tenu un grand rang en Italie. On rapporte l'origine du nom à un Romain appellé Gondus, qui fut pere de Jean VIII. Successeur du Pape Adrien II. vers l'an 872. Le Pontificat de Jean VIII. fut tres-favorable à nostre nation. Charles le Chauve Roy de France receut des mains de ce Pape à Rome le Sceptre Imperial de l'Occident l'an 875. Et trois ans aprés le Pape vint luy-mesme en France, où il presida en personne à un celebre Concile qu'il fit tenir à Troye en Champagne, l'an premier de Louis le Begue.

Les descendans de Gondus quitterent dans les Siecles suivans le séjour de Rome, & s'établirent en Toscane dans la Ville de Florence, lors qu'elle se gouvernoit par des Citoyens choisis d'entre les plus nobles & les plus habiles.

La liberté que l'on respiroit dans cette Republique fut un charme qui les attira, & ils tenoient en cela du naturel des anciens Romains ennemis de la dépendance que la souveraine domination exige ordinairement. Ils crurent avec sujet que leur établissement s'y pouvoit faire à leur avantage, le jugeant conforme à leurs inclinations, à l'élevation de leur ame & de leur courage, & mesme aux talens de leur esprit. Ils s'y distinguerent en effet : Car il est écrit dans les Archives de Florence, qu'en l'année 1170. Gondi surnommé le Fort étoit un des Senateurs qui gouvernoient souverainement la Republique, & que son fils appellé le Belliqueux conduisit l'Etat des Florentins avec l'applaudissement de tout le monde. Ensuite Renieri son petit fils qui estoit un Ministre consommé dans la politique, fut nommé pour signer le Traité de Paix d'entre les Pisans & les Florentins, l'an 1256.

J'ajoûteray pour prouver la grandeur de vos Ayeux en Italie, qu'ils avoient un superbe Palais dans la Paroisse de saint Apollinaire à Florence, & qu'un fameux Peintre Grec nommé Simabué que les Florentins firent venir de Constantinople l'an 1240. embellit par ses peintures une Chapelle affectée à la Famille de Gondi dans l'Eglise de sainte Marie la Neuve.

Nous avons tiré cette remarque du premier tome des Entretiens de Monſieur Felibien ſur les Ouvrages des excellens Peintres.

Ceux qui ont lû l'Hiſtoire d'Italie, ſçavent les malheurs funeſtes qu'entraîna dans ſes Provinces la diviſion des Guelfes & des Gibelins. Les Seigneurs de Gondi s'étoient attachez au parti des derniers : & comme le Duc d'Anjou frere de ſaint Louis appuyoit les Guelfes, il ſe declara contre les Gibelins lors qu'il paſſa par Florence à la conqueſte de Naples. Ainſi les Gondi furent contraints de ceder au Conquerant, & de quitter le parti des Gibelins, avec promeſſe d'eſtre à l'avenir dans les intereſts des Princes d'Anjou. Bernard de Gondi fils de Charles qui vivoit en 1351. fut grand Gonfalonier de Florence, & dix de ſes Succeſſeurs poſſederent cette Dignité.

Si vos Anceſtres, MADAME, ont vécu glorieuſement dans leur Patrie, lors qu'elle étoit gouvernée en Republique, leur gloire a paru encore avec plus d'éclat en France. La Toſcane n'avoit pas aſſez d'étenduë pour contenir leur merite. Antoine de Gondi II. du nom, s'en détacha pour ſuivre la Reine Catherine de Medicis Epouſe de Henry II. qu'il ne quitta jamais. Il avoit épouzé Marie Catherine de Pierre-vive gouvernante des Enfans de France. Et c'eſt de ce Mariage qu'il eut Albert & Pierre, ausquels nous nous attachons icy davantage pour la suite de nos Eloges.

Le premier fut Comte de Retz, & il devint Duc & Pair, Mareschal de France, & General des Galeres, Colonel de la Cavalerie Françoise, seul premier Gentilhomme de la Chambre de sa Majesté, Grand Chambellan sous les Rois Charles IX. & Henry III. & enfin Generalissime de leurs Armées.

Il signala sa valeur à la Bataille de Moncontour, où l'Amiral de Châtillon perdit douze mille hommes, ce qui consterna les Protestans. Le Siege de la Rochelle conduit par le Duc d'Anjou qui venoit de gagner ce Combat eut pareillement servi de trophée à ce jeune Prince: Mais ébloüi de l'éclat de la Couronne de Pologne, il quitta l'expedition de la Rochelle, où le Seigneur de Gondi servoit sous ses ordres.

Le Comte de Retz eut l'honneur d'épouser pour le Roy, Elizabeth d'Autriche, sœur de l'Empereur Maximilien II. & de la conduire en France. Il remplit ce glorieux Employ avec tant de politesse & de magnificence, que la Reine Mere Catherine de Medicis, la plus habile Princesse de son temps, l'en loüa plus d'une fois. Aussi étoit-il un parfait Courtisan, grand homme d'Etat, & grand Capitaine. Il negocia ſi utilement en Angleterre pour les intereſts du Roy ſon Maiſtre, qu'au retour de cette Ambaſſade il en receut les Gouvernemens de Provence, de Metz du Pays Meſſin, & de Nantes.

Aprés le deceds de Charles IX. Henry III. ſon frere, qui vint ſucceder à la Couronne de France, nomma le Comte de Retz General de ſon Armée contre les Religionnaires, ſur leſquels il remporta de grands avantages en diverſes occaſions. Le Prince fut ſi content de luy qu'il érigea le Comté de Retz en Duché Pairie. Ce nouveau Duc luy rendit un ſervice ſignalé dans une importante conjoncture. Les Princes Lorrains étoient à la teſte d'une forte Ligue qui vouloit luy ravir la Couronne & le confiner dans un Convent, comme on dit qu'on l'avoit pratiqué autrefois à l'égard des Rois faineans de la premiere race. Le Duc de Retz prevenant ce malheur, luy conſeilla de s'unir avec le Roy de Navarre Henry IV. Mais dans le temps qu'il alloit triompher de ſes ennemis, & ſe rendre maiſtre de Paris, qui avoit pris les armes pour la Ligue, un ſcelerat l'aſſaſina dans ſaint Cloud, où il expira de ſa bleſſure.

Le Roy de Navarre luy ſucceda comme le plus proche Prince du Sang Royal : Son Sacre ſe fit à Chartres, parce que la Ville de Reims étoit au pouvoir de la Ligue : Le Duc de Retz eut l'honneur de repreſenter le Comte de Toulouze dans cette auguſte ceremonie. Enſuite il reduiſit en moins d'une année quatorze Villes ou Places fortes dans ſon Gouvernement de Provence ; & dans celuy du Marquiſat de Saluces il chaſſa en moins de trois mois tous les ennemis du Roy Henry le Grand, qui ne voulut point rendre ce Pays au Duc de Savoye, que par l'échange de la Breſſe.

Telle fut la vie & la conduite du Mareſchal Duc de Retz, qui aprés avoir commandé en Chef huit Armées Royales, & s'être trouvé à cinq Batailles & à pluſieurs Sieges memorables, couvert de gloire & comblé d'honneurs, finit ſes jours à Paris l'an 1602. Il fut inhumé dans la Chapelle que le Cardinal de Gondi ſon frere avoit fondée dans l'Egliſe de Paris, & deſtinée à la ſepulture des Seigneurs de ſa Maiſon.

Claude Catherine de Clermont-Tonnerre ſa femme paſſoit en ſon temps pour une Heroïne: Elle fut Dame d'honneur de Catherine de Medicis, & gouvernante des Enfans de France. C'eſt elle qui répondit à la Harange Latine des Ambaſſadeurs Polonois, quand ils vinrent à la Cour de France pour emmener Henry III. qui venoit d'eſtre élu Roy de Pologne ; elle parla ſi élegamment, qu'elle s'attira l'admiration de ces Etrangers & des autres perſonnes qui y étoient preſentes.

Voila, MADAME, une partie des faits heroïques de vos Illuſtres Anceſtres dans le Siecle. Ce ſont autant de diſpoſitions à ce que nous allons voir de grand dans ceux qui ſe ſont conſacrez à l'Egliſe, & qui font le principal ſujet de nos Eloges.

PIERRE CARDINAL DE GONDY, Eveque Duc de
en suite Eveque de Paris comm andeur de l'Ordre du S. Esp
it chef du conseil sous les Rois charles 9. Henry 3. et
Henry 4. ce dernier le choisit pour l'envoyer a
Rome demander au Pape son absolution ; Il
s acquitta de cette ambassade avec dignité
et grandeur ; com ble d'honneur et de
bonnes œuvres il mourut a paris
lan 1616.

D. [illegible] M.

Petrus, sanctæ Romanæ Ecclesiæ Cardinalis de Gondi, Lingonum, & Parisiorum Episcopus Comes Iuniacensis, sacri Ordinis sancti Spiritus Commendator torquatus; Vir notâ in Deum pietate, in Ecclesiam obseruantiâ, in Reges fide in subditos curâ in patriam Caritate in suos amore, Domi Dignitate publicè, præsertim in pauperes vinctos religiosasque familias liberalitate, auctoritate juris, Disciplinæ Ecclesiasticæ tenax, Sacrarum Ædium collapsarum Reparator, Novarum ædificator, Frequens ad Pontifices Maximos Legatus, Regibus Carolo IX. & Henrico III. Carus, Henrici Magni cum Pontifice maximo, & Ecclesiâ Conciliator, Ludovici XIII. in Fonte Progenitor. Mortalitatis memor, Hoc sibi, Funeri suo, annis xiiii. superstes Monumentum poni Curavit. Excessit Anno Domini 1616. ætatis 84. xiii. Kalendas Martias plenus dierum & bonorum operum.

J. Mariette del. et Sculp. *C. Vincent Scripsit.*

PIERRE DE GONDI,

CARDINAL, EVESQUE DE PARIS, Proviseur de Sorbonne, Chef du Conseil du Roy, & l'un des six premiers Commandeurs de l'Ordre du Saint Esprit.

SI le Mareschal Duc de Retz parvint par son grand merite aux premieres Charges de l'Etat, Pierre de Gondi son frere s'éleva de même par sa capacité, aux plus éminentes Dignitez Ecclesiastiques. Il s'étoit acquis un fond de Jurisprudence & de

Theologie dans les Universitez fameuses de Paris & de Toulouze. Il fut Chancelier, & Grand Aumônier de Catherine de Medicis & d'Elizabeth d'Autriche Reines de France, Commandeur de l'Ordre du Saint Esprit, Abbé de saint Jean des Vignes, & de saint Crépin de Soissons, de saint Aubin d'Angers, de saint Martin de Pontoise, & Tresorier de la sainte Chapelle du Palais de Paris, Proviseur de Sorbonne, Cardinal, & Ambassadeur de France vers les Papes Pie V. Gregoire XIII. Sixte V. & Clement VIII. pour reconcilier avec le Saint Siege Henry III. & pour obtenir l'absolution de Henry le Grand.

Son premier Episcopat se passa durant sept années dans l'Eglise de Langres, qui luy donnoit le titre de Duc & Pair de France: Mais Charles IX. le nomma ensuite à l'Evesché de Paris l'an 1570. pour l'avoir plus prés de sa personne, l'ayant pris pour son Confesseur, admis dans le Ministere, & fait Chef de son Conseil.

L'entrée de ce Prelat dans l'Eglise de Paris eut des circonstances assez remarquables pour meriter d'estre rapportées icy. Il vint revêtu Pontificalement de sainte Genevieve du Mont, à sainte Genevieve des Ardens, accompagné des Evesques de Clermont, de Noyon, de Cisteron, de Chartres, de Digne, & de Boulogne. Le Parlement, la Chambre des Comptes, la Cour des Aydes le ſuivoient avec tous les Officiers du Châtelet, le Prevoſt des Marchands & les Eſchevins. L'Abbé de ſainte Genevieve & ſes Religieux, toutes les Proceſſions des Paroiſſes de la Ville & des Fauxbourgs, avec un concours de peuple, marcherent à cette ſolemnité.

Le Corps du Chapitre de Noſtre-Dame joint aux quatre Egliſes ſes Filles, comme on les appelle, vint à la rencontre. Les enfans de Chœur de l'Egliſe de Paris precedoient ſans Croix les Proceſſions, un Chanoine de la Cathedrale portoit le texte de l'Evangile. Le Doyen, le Chantre & les Chanoines ſalüerent Monſeigneur l'Eveſque, qu'ils rencontrerent devant l'Egliſe de ſainte Genevieve des Ardens. Le Doyen l'ayant encenſé luy donna l'Evangile à baiſer, l'Oraiſon fut dite par l'Abbé de ſainte Genevieve, & enſuite le Doyen fit une Harangue à Monſeigneur l'Eveſque, qui luy répondit fort éloquemment. Puis le Doyen & le Chantre le menerent à l'Egliſe Cathedrale dont les portes étoient fermées. Il y préta le ſerment ordinaire, & auſſi-toſt on ſonna une clochette qui pendoit hors de l'Egliſe & qui en fit ouvrir les portes. On le conduiſit au grand Autel en chantant le *Te Deum*; & aprés qu'on l'eut inſtalé dans la Chaire Epiſcopale, d'où il donna la benediction, il fut reconduit au grand Autel où il celebra ſolemnellement la Meſſe en preſence de Monſeigneur le Duc d'Alençon frere du Roy qui voulut aſſiſter à cette Ceremonie.

La conduite de ce Prelat dans le Dioceſe de Paris fut toûjours exacte & pieuſe, comme elle l'avoit été dans celuy de Langres, où il étoit regreté comme un bon & vigilant Paſteur. Il commençoit par l'Oraiſon, qui l'uniſſoit étroitement à Dieu avant toutes choſes. Il y vacquoit un temps conſiderable chaque jour nonobſtant ſes occupations importantes. Il répandoit enſuite de ſa plenitude ſur les autres dans toutes ſes fonctions. Le Manuel des Preſtres fut reveu, corrigé, augmenté & publié par ſes ſoins. Il retrancha d'abord la venalité qui s'étoit introduite dans les Charges dépendantes de ſon Evêché & de ſes Abbayes, afin d'eſtre en droit d'oſter plus facilement ceux qu'il verroit ne s'en pas acquitter comme il leur avoit recommandé. Il s'attacha principalement à ne conferer les Benefices qu'à des gens d'un merite connu & d'une capacité éprouvée. C'étoit aſſez pour en eſtre exclu d'avoir recours au credit & aux recommandations des puiſſances. Il obligea particulierement ſes Curez à une rigoureuſe reſidence, dont il leur donna toûjours l'exemple, autant que les intereſts de la Religion & de l'Etat le luy permirent : Car comme il étoit le ferme appuy de l'une & de l'autre, il fut obligé à divers voyages dans ces temps de trouble & de sedition.

Il fut chargé de plusieurs Ambassades extraordinaires, auprés de Philbert Emmanuel Duc de Savoye. De là à Rome vers le Saint Pape Pie V. & aprés sa mort, vers Gregoire XIII. & Sixte V. qui luy avoient offert plusieurs fois la dignité de Cardinal : Mais il ne la voulut accepter qu'à la recommandation du Roy son Maistre Henry III. qui l'avoit déja fait Commandeur de son Ordre du Saint Esprit à la premiere des promotions, dés l'an 1578. toutes preuves de la satisfaction qu'on recevoit de ses importantes negociations dans toutes ces Cours.

Voici la plus difficile de toutes, sous le Pontificat de Clement VIII. & à l'avenement de Henry IV. à la Couronne. On sçait que le party de la Ligue la luy disputoit sous le specieux pretexte de la Religion, mais dans le fond par des vûes & des pratiques interessées, que nostre sage Cardinal sçût fort bien démêler. Il se porta d'abord pour Mediateur entre le Pape & le Roy dans la Conference de Noisi, où le Cardinal Cajetan défendoit la cause du Pape, & le Mareschal de Biron celle du Roy. On ne termina rien pour cette fois. Mais il fut plus heureux un peu aprés à reconcilier les

Parisiens avec le Roy qu'il alla trouver dans son Camp au Fauxbourg saint Antoine, où il fut fort bien receu de sa Majesté. Il ne tint pas à ses soins que le Duc de Mayenne ne renonçat dés ce temps-là à ses engagemens avec les Espagnols : Mais n'en ayant pû venir à bout, il le laissa traîner les restes d'une malheureuse Ligue, que l'esprit de revolte animoit.

Il se retira pour quelque temps à Noisi dans le Château du Duc de Retz son frere, ne pouvant être témoin des malheurs d'une Guerre Civile, qui repugnoient à son humeur & à sa pieté. On l'y vint tenter plusieurs fois, pour ébranler sa fidelité ; on n'eut point de honte de luy proposer le serment de la Ligue à signer contre son Prince legitime. Mais il le refusa courageusement, & souffrit constamment la saisie de son temporel pour une si bonne cause. Les pauvres y perdoient plus que luy, & c'est ce qui le touchoit davantage.

Il travailloit d'un autre costé auprés du Roy pour le reconcilier à l'Eglise, il entreprit volontiers pour cela un nouveau voyage de Rome auprés du Pape Clement VIII. Mais on avoit si fort prevenu l'esprit de sa Sainteté contre luy, qu'Elle envoya au devant un de ses Theologiens pour luy défendre l'entrée de l'Etat Ecclesiastique, l'accusant d'avoir fait des actions indignes, non

non ſeulement d'un Cardinal, mais meſme d'un bon Chrétien. Ce traitement ne le découragea pas ; il écrivit une lettre ſi forte au Pape, pour luy faire voir les raiſons de ſa conduite, & les avantages que l'Egliſe en tireroit, qu'il le deſabuſa entierement. Ainſi il ſurmonta par ſon adreſſe & ſon courage, tous les obſtacles de la faction Eſpagnole, qui avoit prevalu juſqu'alors dans cette Cour. Il y fut receu favorablement du Pape, & deſormais les affaires du Roy changerent de face, & allerent toûjours de mieux en mieux.

Dés qu'il eut appris la reception de ſa Majeſté dans Paris, en 1594. il y revint auſſi-toſt, comme un bon Paſteur auprés de ſon Troupeau. Mais voyant que nonobſtant la profeſſion de la Foy Catholique que le Roy avoit embraſſée, pluſieurs faiſoient encore difficulté de faire les Prieres publiques pour ſa Majeſté, ſous pretexte qu'Elle n'eſtoit pas reconciliée avec le Saint Siege, & que l'infame Chaſtel ſe porta juſqu'à un attentat horrible contre ſa Perſonne ſacrée, noſtre vigilant & zelé Cardinal aſſembla tous les Curez & les Theologiens de Paris dans ſon Hôtel. Il y fut conclu unanimement qu'il n'étoit permis à qui que ce ſoit de refuſer l'obéiſſance au Roy, bien moins de ſe porter à aucune action violente contre ſa Majeſté. On detesta les deux dernieres qui s'étoient passées contre Henry III. & Henry IV. comme abominables & impies. Enfin on decida qu'on devoit offrir librement des Prieres, tant publiques que particulieres, pour la conservation & la prosperité de sa Majesté. Cette conclusion fut suivie & confirmée en Sorbonne au commencement de 1595.

Mais d'un autre costé pour ne manquer à rien, nostre grand Prelat fut prié comme le plus propre d'aller trouver le Roy au nom de tout le Clergé, pour luy persuader d'envoyer incessamment ses Ambassadeurs à Rome, de peur d'un Schisme scandaleux, qui eut attiré de nouveaux malheurs sur la France. Il ne fut pas mal-aisé de s'en rapporter à son avis, dont on s'étoit toûjours si bien trouvé; & comme il étoit consommé dans les negociations de cette Cour, les deux Agens qui furent chosis, du Perron & d'Ossat, & qui devinrent depuis si habiles, le consulterent avant de partir comme leur Oracle. Ainsi finit heureusement cette importante negociation qui couta tant de peines & de fatigues à nostre genereux Cardinal.

Il n'avoit pas laissé pendant tout ce temps de remplir les devoirs de son ministere, soit par les bons ordres qu'il donnoit pour son Diocese, soit mesme par des Reglemens plus generaux pour toute l'Eglise de France. Il avoit eu grande part à ceux qui furent arreſtez dans les Etats de Blois, auſquels il aſſiſta dés l'an 1578. Il preſida en Chef à la teſte du Clergé dans ceux de Roüen l'an 1596. où il preſenta des cahiers de ſa façon, qu'on trouva pleins d'une ſainte diſcipline Eccleſiaſtique. On reconnut par tout qu'il n'avoit rien plus à cœur que l'intereſt de la gloire de Dieu, qu'il regardoit comme ſon but principal.

Aprés Dieu, le prochain l'occupoit entierement. Toute ſa vie s'eſt paſſée à répandre en pluſieurs lieux ſes pieuſes liberalitez. Il fit rebâtir les Edifices ruinez de ſes Abbayes de ſaint Jean des Vignes, & de ſaint Crépin de Soiſſons, où le Service divin ne s'étoit pas fait depuis plus de trente ans. Il ſeroit à ſouhaitter que les revenus des Commandes fuſſent toûjours employez à d'auſſi ſaints uſages. Les Cordeliers de Paris n'attendirent pas ſi long-temps à ſe rétablir. Leur Egliſe réduite en cendres par un facheux accident, fut auſſi-toſt rebâtie à ſes dépens. Les pauvres qui languiſſoient de famine pendant le Siege de Paris, trouverent une reſſource inépuiſable dans les ſoins de leur charitable Paſteur : Et aprés avoir épuiſé les fonds de ſon épargne, il ne fit point de ſcrupule, à l'exemple des Ambroiſes & des Auguſtins, de permettre la vente des dons d'or & d'argent des Eglises, pour en faire subsister les pauvres, qui sont les Temples vivans de JESUS-CHRIST, à la charge de les faire restituer à l'Eglise, quand on le pourroit ; à quoy il satisfit pour la plus grande partie.

Hors ces extremitez, non content de reparer les ruines de la Maison du Seigneur, il l'enrichit & l'augmenta par des fondations & des largesses extraordinaires. Il fonda le Monastere & l'Eglise des Capucins de Joigny, & ceux du Fauxbourg saint Jacques à Paris, ausquels il laissa jusqu'à quatre-vingt mille livres pour cela. Les Jacobins Reformez de la ruë saint Honoré receurent de ses bienfaits pour leur établissement cinquante-deux mille livres. Il augmenta de trois mille deux cens livres celuy de l'Hôpital des Quinze-vingts, où étoit la sepulture de ses pere & mere. Il en legua autant à l'Hôtel-Dieu, & pareille somme aux Prisonniers par son Testament ; outre les ornemens precieux qu'il laissa à la plûpart de ces Eglises.

Celle de Nostre-Dame de Paris comme son Epouse, en receut de plus magnifiques. Il ne se pouvoit lasser de la parer, soit en ornemens d'Autels, soit en habits Sacerdotaux. Le Chapitre en fut si touché, qu'il luy en fit de tres-humbles actions de graces par la bouche de son

Doyen. Pour comble de ſon attachement à cette Egliſe, il y fonda la plus belle de ſes Chapelles pour la ſepulture de ſa Famille, & laiſſa ſeize mille livres pour quatre Obits & pour la Commemoration particuliere de ſon ame à toutes les Meſſes hautes du grand Autel, ayant toûjours la mort preſente devant les yeux, pour s'exciter à bien vivre.

Il ne ſe croyoit pas exempt des mortifications Chrétiennes pour toutes ces liberalitez. Il ſçavoit que la premiere aumône eſt celle que nous nous devons à nous-meſmes. Il fut ſi religieux obſervateur des jeûnes de l'Egliſe, qu'à peine pût-on obtenir de luy dans ſon extrême vieilleſſe, qu'il rompit le Carême ; encore ne voulut-il uſer de viande que deux jours par ſemaine.

Ses infirmitez l'avoient déja obligé à ſe demettre de ſon Epiſcopat dés l'an 1598. aprés en avoir été chargé vingt-huit années : mais il ne s'épargna pas les dix-huit qu'il vécut encore, juſqu'en 1616. Il aſſiſta toûjours de ſes conſeils le jeune Eveſque Henry de Gondi ſon cher neveu, & digne Succeſſeur, dont nous allons parler. Il s'étoit reſervé, avec la permiſſion du Pape, la collation des Benefices, pour continuer d'en faire des exemples, comme il avoit ſi bien commencé ; Et il ne ſe put défendre de temps en temps de quelques fonctions publiques.

Le Roy Henry le Grand, qui le regardoit comme son pere, souhaitta qu'il assistat à son Mariage avec Marie de Medicis, à Lyon en 1600. & six ans aprés, qu'il baptizat Monseigneur le Dauphin, & les Princesses Mesdames Elizabeth & Christine de France ses Enfans. Cette auguste Ceremonie se devoit faire à Paris ; mais la peste qui desoloit cette Ville en rompit le dessein, & la fit transferer à Fontainebleau où étoit la Cour. Le Cardinal de Joyeuse Legat en France étoit Parain du Dauphin pour le Pape Paul V. & la Duchesse de Mantouë Marraine en personne. Le Dauphin répondit luy-mesme à toutes les interrogations du Prelat, avec une grace qui tira les larmes de toute l'auguste Assemblée. Il y receut le nom de LOUIS, au grand contentement du Roy, en memoire de son saint Patron. Les autres Baptêmes se firent tout de suite avec beaucoup de fatigue & d'honneur pour nostre venerable vieillard.

Enfin le Cardinal de Gondi chargé d'années & de bonnes œuvres, mourut à Paris l'an 1616. le 17. Fevrier âgé de quatre-vingt-quatre ans, & fut inhumé dans la Chapelle qu'il avoit fondée dans l'Eglise Cathedrale, pour sa sepulture & pour celle de sa Famille, qui a eu soin des superbes Mausolées qu'il avoit luy-mesme fait ériger, avec des Epitaphes dignes d'estre lûes ſur les lieux. Pluſieurs Archeveſques & Eveſques aſſiſterent à ſes funerailles ; la Meſſe fut celebrée au grand Autel par l'Eveſque de Paris ſon neveu. Toutes les Cours Superieures & les Subalternes, & pluſieurs Seigneurs qualifiez s'y trouverent. L'Oraiſon Funebre y fut prononcée par le Pere Gontier Jeſuite celebre Predicateur. On en publia une autre fort ample de Jerôme Benevent, l'un des plus grands Orateurs de ce temps-là.

NON SINE
LABORE
HENRY DE GONDY
Cardinal de Retz
Evêque de Paris
deur de l'Ordre du S.
Esprit. chef du Con-
seils du Roy. Abbé
de Buzay. de la
chaulme. de S.t Je-
an des vignes de
Soissons. et Mai-
tre de loratoire
du Roy. il mou-
rut dans le ca-
mp du Roy de-
uant Beziers
le 13. Aoust

HENRY DE GONDI,

CARDINAL DE RETZ, Evesque de Paris, Chef du Conseil, premier Ministre d'Estat, Commandeur de l'Ordre du Saint Esprit, Maistre de la Chapelle du Roy, Proviseur de Sorbonne, &c.

UAND le Cardinal Pierre de Gondi se démit de l'Evêché de Paris en faveur de son neveu fils du Mareschal Duc de Retz, & de Claude Catherine de Clermont-Tonnerre, il ne regarda point en cela la chair & le sang, ni les interests de sa Famille :

mais il eut en vûe la gloire de Dieu & les avantages de l'Eglise, étant persuadé que son Successeur s'acquiteroit saintement des fonctions Episcopales : Car il avoit observé que pendant dix ans de Canonicat qu'il avoit passez dans la Cathedrale, il avoit édifié ses Confreres par la regularité de ses mœurs & de sa pieté. L'evenement fit bien voir que ce jeune Prelat étoit digne de succeder à son Oncle. Il fut gratifié presqu'en mesme temps de la Charge de Maistre de l'Oratoire de sa Majesté, avec les Abbayes de saint Jean des Vignes de Soissons, & de Buzay.

Il employa tous ses rares talens, & ses grands revenus à la charité & au bon ordre de son Diocese. Il y fit observer la plus exacte discipline dont il fut encore capable. Le Recueil qu'on en a fait dans le Synodicon de Paris en servira d'un monument éternel. Pour sanctifier tous les quartiers de Paris, il semble qu'il ait pris plaisir d'y répandre differentes Communautez Religieuses, qui les édifient par leurs exemples, qui les éclairent par leurs instructions, & qui leur attirent mille benedictions du Ciel par les loüanges du Seigneur qu'on y chante perpetuellement.

Il commença par les Carmelites du Fauxbourg saint Jacques sous les soins du saint Prestre Pierre de Berulle depuis Cardinal. Il contribua à l'établiſſement des Urſulines, & des Feüillantines dans le meſme Fauxbourg, à ceux des Carmes Deſchauſſez, des Jacobins & des Auguſtins Reformez, & de l'Hôpital des Freres de la Charité dans le Fauxbourg ſaint Germain, à celuy des Capucines prés la Porte ſaint Honoré, à l'Hôpital de ſaint Louis hors des murs, aux Picpuces dans le Fauxbourg ſaint Antoine, comme pour environner Paris d'un fort Boulevart de tous coſtez. Et en dedans il le munit des ſaints établiſſemens de la Viſitation ſainte Marie ruë ſaint Antoine, des Minimes de la Place Royale, des Religieux de Noſtre-Dame de la Merci, des Religieuſes de l'Annonciation appellées les Filles Bleües, & enfin du College des Hibernois, & de quelques autres. On luy en fait honneur avec raiſon à la fin de ſon article dans le Recueil intitulé *La France Chrétienne*, auſſi bien que de pluſieurs Ouvrages qui luy furent dediez.

On y diſtingue avec raiſon ſon principal établiſſement de la Congregation des Preſtres de l'Oratoire de JESUS, qu'il entreprit avec le même Cardinal de Berulle, pour renouveller le premier eſprit du Sacerdoce de JESUS-CHRIST dans le Clergé, ce qui a eu de tres-heureuſes ſuites. Cette celebre Compagnie reconnoit dans la Maiſon de Gondi ſes principaux Fondateurs. Madame la Marquiſe de Magnelay digne Sœur de noſtre grand Prelat, dota leurs premieres Maiſons de tres-groſſes ſommes d'argent. Leur Illuſtre frere Philippe Emmanuel de Gondi les ſuivit de bien prés, quand il embraſſa cet Inſtitut, comme nous verrons ſous ſon ſecond frere & Succeſſeur. Mais Henry comme l'aîné les prevint tous dans cette bonne œuvre, qu'il appuya de l'autorité de ſa Charge, & de ſon credit auprés du Pape, du Roy & de la Reine Regente. Il appella ces vertueux & ſçavans Preſtres au gouvernement du premier Seminaire de ſon Dioceſe, qu'il établit dans ſon Abbaye de ſaint Magloire unie à perpetuité à ſa Croſſe, & il s'y reſerva & à ſes Succeſſeurs la nomination de douze Seminariſtes, pour en former de dignes ſujets à l'Egliſe.

Auſſi pour recompenſe anticipée de tant de bonnes œuvres, il fut nommé luy-même Proviſeur de Sorbonne par une élection unanime de cette Maiſon, & par le Roy Louis XIII. au Cardinalat l'an 1618. ſous le Pontificat de Paul V. Enfin l'année ſuivante il fut fait Commandeur de l'Ordre du Saint Eſprit, Chef du Conſeil de ſa Majeſté, & premier Miniſtre d'Eſtat; en quoy conſiſte le comble de l'élevation d'un François. Voyons avec quel zele il remplit cette ſublime Dignité.

Il s'estoit joint quelques années auparavant, n'estant encore qu'Evesque de Paris, au sçavant Cardinal du Perron Archevesque de Sens, & au docte M. de Laubespine Evesque d'Orleans, dans la condamnation qu'ils firent Synodalement avec les autres Evesques de la Province, d'un livre singulier, sans noms d'Auteur & d'Imprimeur, dont ils croioient les consequences dangereuses. Nôtre Prelat y signa le premier aprés le Metropolitain, ce que les Grecs appelloient autrefois joüir des droits de Protothrosne. Il fit encore plus pour la publication de la Censure, qui ne parut que sous son nom, & par sa seule autorité dans Paris, où l'Assemblée se tenoit. Nous apprenons d'ailleurs que la Censure eut dans la suite tout l'effet qu'on en pouvoit desirer. Nous ne pouvons douter que nostre premier Ministre n'y tint la main dans le Conseil du Roy, d'où emanerent divers ordres pour son execution. Et on sçait qu'il y opinoit toûjours avec les mieux intentionnez pour le plus grand bien de l'Eglise & de l'Estat.

En voicy encore une occasion plus importante. Il s'estoit trouvé pareillement en qualité d'Evesque de Paris aux Estats Generaux du Royaume, convoquez en 1614. & 1615. où il conseilla de commencer par une Procession Generale. Il y Officia Pontificalement. Son Oncle le Cardinal Pierre de Gondi presida aux principales sceances pour la derniere fois un an avant sa mort : & son frere Jean François de Gondi alors Doyen, & depuis premier Archevesque de l'Eglise de Paris, estoit le premier des Deputez du second Ordre. Ces trois celebres Prelats de la Maison de Gondi que nous reunissons en ce lieu, eurent grande part aux Deliberations du Clergé joint à la Noblesse, qui souffrirent de notables difficultez dela part du Tiers Estat. Mais elles furent enfin heureusement terminées par la sagesse du mesme Conseil du Roy, où nous avons vû le credit qu'ils avoient.

Reste une derniere Deliberation plus propre à nostre premier Cardinal de Retz. Plusieurs Provinces du Royaume étoient alors dominées par les Religionnaires, entre autres le Languedoc, dont la pluspart des Villes, excepté Toulouze, ne reconnoissoient presque point l'autorité du Roy. Leurs Predicans les portoient ouvertement à l'indépendance, à l'imitation des Hollandois qui s'étoient soustraits de l'Eglise Romaine & de la domination Espagnole. Les Catholiques opprimez par les Heretiques, gemissoient depuis longtemps; & comme l'autorité Royale, n'étoit pas encore affermie, ils portoient en vain leurs plaintes au Conseil du Roy. Cependant le Cardinal de Retz entreprit de reprimer l'insolence de ces pretendus Republicains, & il en parla un jour au Roy avec tant de force en plein Conseil, qu'il fut suivi tout d'une voix, & qu'il détermina sa Majesté à leur declarer la guerre,

Cette guerre eut un glorieux succés ; les Villes de Beziers, de Montpellier, & plusieurs autres furent assiegées en forme, & prises successivement. Les Huguenots se soumirent. Ces premieres Victoires furent suivies quelques années aprés de la prise de la Rochelle, qui acheva d'abattre leur orgüeil. Ainsi l'on doit attribuer ces heureux evenemens aux avis du Cardinal de Retz qui avoit le premier conseillé cette guerre. Mais la suppression de l'Edit de Nantes, le seul vestige qui restoit aux Protestans de leur ancienne grandeur, étoit reservée au Regne de Loüis le Grand.

Le Cardinal de Retz avoit suivi le Roy Loüis le Juste dans sa premiere Campagne, comme Chef de son Conseil & premier Ministre d'Estat. Il fut attaqué d'une fievre maligne dans le Camp devant Beziers, qui l'emporta en peu de jours, comme pour aller triompher avant la Victoire dans le Ciel, où il est à croire qu'il l'obtint par son credit auprés de Dieu. Il n'avoit que 50. ans, & 24. d'Episcopat. Son corps fust porté de Beziers à Paris, dans un Char couvert de drap noir, attelé de six chevaux couverts de mesme. On le mit en depost à son arrivée dans l'Eglise des Capucins du Faux-bourg saint Jacques qu'il avoit fait bâtir, jusqu'à ce qu'on eust preparé toutes choses pour le Convoy. La ceremonie en fust à peu prés semblable à celle de Henry le Grand, qu'il avoit conduite luy-mesme quelques années auparavant. Il fust inhumé ſolemnellement dans l'Egliſe Cathedrale en la Chapelle de ſes Anceſtres. Monſieur Coſpean Eveſque de Nantes, le plus éloquent Predicateur de ſon temps, en prononça l'Oraiſon funebre devant une Illuſtre Aſſemblée, comme il avoit prononcé celle du meſme Roy. Le Cardinal de la Rochefoucaut Grand Aumônier de France, & pluſieurs autres Prelats y aſſiſterent avec les Compagnies ordinaires. Le Deüil étoit conduit par le Duc de Montbazon Gouverneur de l'Iſle de France & de Paris. La Meſſe fuſt celebrée au grand Autel par Meſſire Jean François de Gondi ſon frere, premier Archeveſque de Paris, dont il eſt temps de parler à ſon tour.

JEAN

IEAN FRANCOIS DE GONDY.
1.er Archeveque de Paris, Commandeur de l'Ordre du S.t
Esprit abbé de S.t Aubin d'Angers, et de S.t Martin
de Pontoise, conseillier d'Estat et priué et Grand
Maitre de la Chapelle du Roy. ce fut a sa consideration que Paris fut erigé en archeveché
il mourut dans son palais Archiespisco-
pal, le 21. mars

JEAN FRANÇOIS
DE GONDI,

PREMIER ARCHEVESQUE de Paris, Conſeiller d'Eſtat, Grand Maiſtre de la Chapelle du Roy & Commandeur de ſes Ordres, &c.

OUS avons aſſez expliqué la Genealogie de noſtre premier Archeveſque, en parlant de celle des deux grands Cardinaux de Gondi & de Retz, le premier ſon oncle, & le ſecond ſon frere aiſné. Celuy-cy occupé, comme nous avons vû, des affaires publiques de la Religion & de l'Eſtat,

E

avoit à l'exemple de plusieurs Saints, jetté les yeux sur son vertueux frere, pour la Coadjutorerie de Paris, un peu avant sa mort, comme s'il en eut preveu les approches. Le nouveau Coadjuteur étoit alors Doyen de la Cathedrale par la libre & unanime élection de tout le Chapitre, depuis environ douze ans.

La modestie & les autres vertus qu'il avoit exercées dans cet état, avec d'autres grandes considerations, firent juger d'abord au Roy qu'il étoit temps d'élever l'Eglise de Paris à la dignité de Metropole. Il y avoit long-temps qu'on y pensoit. Il paroissoit assez juste que cette Capitale du Royaume, si distinguée par le Siege de nos Rois, par les augustes Tribunaux de Justice, & par son Université fameuse, la mere de toutes les autres, fut aussi relevée par un rang éminent dans l'Eglise. Mais comme toutes ces considerations temporelles ne sont pas de suffisans motifs à l'Eglise pour changer sa police & son gouvernement, il fallut y adjouter celles de l'antiquité de la Religion, de la pieté de ses peuples, de la multitude de ses Eglises, Abbayes, Chapitres, Paroisses, Hôpitaux, Monasteres; de la magnificence de ses Temples où les Offices divins se font avec tant de splendeur, & sur tout dans sa celebre Cathedrale la plus complette & la mieux ornée de tout le Royaume, dont le venerable Chapitre eſt composé de tant d'illuſtres & doctes Perſonnages ; enfin dont les Prelats ont le plus contribué à tous les ſaints établiſſemens qui ont été marquez, particulierement les deux derniers que nous venons de rapporter de la Maiſon de Gondi, & enſuite celuy dont nous entreprenons l'Eloge.

Aprés toutes ces conſiderations il eſt vrai de dire qu'il étoit temps de proceder à cette ſolemnelle érection de l'Archeveſché de Paris, en luy donnant pour Suffragans les Eveſchez de Chartres, de Meaux & d'Orleans, auſquels on a ajoûté depuis peu celuy de Blois. Le Pape Gregoire XV. fondé ſur la plus-part de ces conſiderations en expedia les Bulles à l'inſtante requiſition du Roy Louis le Juſte, qui en gratifia auſſi-toſt noſtre Prelat, dont il eſtimoit ſingulierement le merite. Le nouvel Archeveſque deſigné acheva l'ouvrage, en pourſuivant l'expedition des Lettres Patentes qu'il n'eut pas peine à obtenir, non plus que l'enregiſtrement au Parlement, où on ne manqua pas de faire valoir les avantages qu'en recevroient les Dioceſes voiſins, accoûtumez déja à recourir à Paris pour leurs affaires temporelles, ce qui leur facilite le moyen d'y recourir pour les ſpirituelles: & c'eſt à quoy on a eu encore toûjours égard pour l'érection des Metropoles. Voila quel fut le vaſte Champ que Dieu prepara d'abord à noſtre vertueux Prelat pour l'exercice de toutes ſes vertus.

Auſſi remarque-t-on que le premier pas qu'il y fit fut un pas d'Archeveſque de Paris. Il n'a point pris d'autre titre, & il fut ſacré tout d'un coup en cette qualité dans ſon Egliſe Metropolitaine par le Cardinal de Sourdis Archeveſque de Bourdeaux, aſſiſté du ſçavant Archeveſque de Roüen Meſſire François de Harlay I. & d'Eleonore d'Eſtampes Eveſque de Chartres, depuis Archeveſque de Reims, des mains duquel il receut auſſi le Pallium le jour de l'Aſcenſion de Noſtre Seigneur; & ainſi muni & élevé il entra dans la vaſte carriere des fonctions Pontificales. Il eſt loüé particulierement dans l'Appendice du Synodicon de Paris, où ſont ſes Proviſions, d'habileté & d'induſtrie dans le maniement des affaires, & ſur tout d'une douceur & d'une politeſſe capable de gagner tous les cœurs, ce qu'on y regarde juſtement comme le caractere propre à la Famille des Gondis.

Noſtre nouvel Archeveſque s'appliqua d'abord tout entier à donner à tous les Etats de ſon Dioceſe de tres-ſaints Reglemens, qui ſont rapportez dans ce Recueil. Un des premiers & des plus vigoureux fut contre la licence effrenée des Mariages illicites, qui s'étoit introduite en ces temps-là : Car voyant avec quelle insolence les enfans de Famille prenoient parti sans le consentement de leurs parens, & que d'ailleurs d'autres refractaires aux ordres de l'Eglise, n'ayant aucun égard aux oppositions juridiques qu'on formoit contre leurs Mariages, ne laissoient pas de passer outre, quelquefois mesme avec une partie heretique, se prenant mutuellement pour Epoux en presence du Curé & des témoins, mais sans approbation ny benediction du premier, & sans garder les autres formalitez requises; Nostre Prelat animé de zele decerna l'excommunication majeure encourue par le seul fait contre de tels abus, avec la reserve de l'absolution à son Tribunal aprés une salutaire penitence, selon la grieveté de la faute. Il falloit qu'elle fut bien grande, pour obliger nostre charitable Pasteur de l'humeur qu'il étoit, à en venir à cette extremité.

Il s'appliqua avec plus de joye à la perfection des Ministres de l'Autel, voulant qu'ils en prissent au moins les premieres teintures dans les Seminaires de saint Lazare & de saint Nicolas du Chardonnet, pour la Tonsure Clericale & pour les Ordres mineurs. Il autorisa de toutes les manieres ces saints établissemens, qui se firent principalement pour les Missions & pour la Bourse Clericale ; ce qui a fourni de si bons Ouvriers,

& produit tant de fruits ſpirituels à la Campagne. Il y contribua conſiderablement, & aprés luy, Madame la Marquiſe de Magnelay ſa ſœur, qui avoit déja tant contribué au premier Seminaire de ſaint Magloire. Elle ſe ſignala plus que perſonne dans toutes ces ſortes de bonnes œuvres. Noſtre Prelat obligea de plus les Ordinans à faire des retraites de pluſieurs jours à ſaint Lazare pour les Ordres Majeurs. On vit refleurir par tout la bonne odeur de JESUS-CHRIST dans le Clergé par le moyen des Conferences Eccleſiaſtiques, d'où ſont ſortis ces excellens Ouvrages ſur les Ordres ſacrez, & ſur tous les Exercices ſpirituels, ſans negliger les Rubriques, les Ceremonies & le Chant de l'Egliſe, pour s'acquitter dignement des fonctions; car il conſideroit qu'il n'y a rien de petit dans la Maiſon du Seigneur. Ce ſont les premiers fruits de ces ſalutaires Retraites, qui ſe ſont toûjours augmentez depuis.

Noſtre grand Archeveſque en donnoit l'exemple le premier, ayant beaucoup d'attrait pour la retraite, aprés avoir donné ordre aux principales affaires de ſon Dioceſe. Il fit bâtir pour ce ſujet une maiſon proche les Capucins du Fauxbourg ſaint Jacques, où il alloit ſe délaſſer de ſes fatigues dans la compagnie des gens de bien. Il y trouvoit la conſolation d'y voir plus facilement dans le voiſinage ſon illuſtre frere Philippe Emmanuel de Gondi, qui de Chevalier des Ordres du Roy, Comte de Joigny, General des Galeres de France qu'il étoit auparavant, avec un empire abſolu ſur les mers du Levant, & pluſieurs autres Dignitez tres-conſiderables, renonçant volontairement à tous ces honneurs, avoit embraſſé par le meſme eſprit de retraite, l'Inſtitut de la Congregation de l'Oratoire, & reſidoit ordinairement dans le premier Seminaire du Dioceſe établi à ſaint Magloire par le défunt Cardinal de Retz leur frere aiſné. Voila les principaux attraits de l'Archeveſque pour la retraite dans le meſme Fauxbourg de ſaint Jacques.

Il n'en ſortoit guere que pour aller viſiter ſon Dioceſe, & ſes Abbayes de ſaint Aubin d'Angers, de ſaint Martin de Pontoiſe & de la Chaume, dont le Roy l'avoit gratifié pour fournir à tous les frais de ſes ſaints établiſſemens. Aprés les avis & les remontrances paternelles qu'il mêloit par tout, capables d'amolir les cœurs les plus endurcis, il y répandoit largement ſes liberalitez, pour ne pas dire ſes profuſions, pour les pauvres; mais ſans oſtentation, ſelon le precepte de l'Evangile. Il les envoyoit juſqu'aux lieux où il ne pouvoit pas aller en perſonne, penetrant & échauffant ainſi par ſa vertu, comme un autre Soleil, ce qu'il ne pouvoit éclairer par sa presence.

Un Prelat si charitable n'avoit garde de se broüiller avec personne pour des interests temporels, bien moins avec le Corps venerable de son Chapitre, dont il reconnoissoit avoir été membre, comme il en étoit alors le premier Chef. Tout son different ne fut que pour un droit spirituel de la nomination du Predicateur de la Cathedrale, qu'il croyoit annexé à son caractere. Mais l'affaire s'accommoda bien viste de gré à gré par une union encore plus étroite, comme il étoit convenable entre de telles Parties. Elles convinrent ensemble à l'amiable, de nommer conjointement le Predicateur, ce qui se pratique encore aujourd'huy.

Son zele ne luy permit pas de garder tant de moderation contre des livres seditieux qui furent publiez de son temps. Pour les proscrire avec plus de solemnité & de poids, il jugea à propos de convoquer le Concile des Evesques de sa Province pour la premiere fois, comme cette Assemblée est appellée par les Collecteurs des Conciles de ce temps-là. On y censura nommement celuy, qui sous le nom emprunté d'*Optatus Gallus*, feignoit dans l'inscription, d'apprehender un Schisme en France, sous pretexte d'un Patriarchat imaginaire du Cardinal de Richelieu, & pour

pour d'autres fausses & mechantes raisons. On en défendit la lecture & le debit, & on le fletrit de toutes les manieres. Les Prelats des autres Provinces qui se trouverent à Paris pour leurs propres affaires, ne laisserent pas de souscrire à la Censure, comme il s'est toûjours pratiqué dans les Villes Royales en cas pareil.

Dans les autres contestations qui s'éleverent vers ce temps-là au sujet des nouvelles Doctrines, nostre Prelat ne negligea rien pour en prevenir l'éclat. Il fit un premier Mandement dés l'an 1642. par lequel, à l'exemple des Papes, il imposoit silence de part & d'autre, afin d'étouffer le mal dans sa naissance. Mais comme on n'en pût venir à bout; plusieurs Prelats en écrivirent à Rome, & aprés la constitution d'Innocent X. le nostre envoya un second Mandement dans son Diocese, datté de son Convent des Capucins de Pontoise, qu'il remplit des plus fortes autoritez de l'Ecriture & des Peres, pour porter tout le monde à une parfaite & sincere soumission. Il eut été à souhaitter qu'on s'y fut rendu de bonne heure; on n'eut pas vû tant de fâcheuses suites de ces contestations, qui ont privé l'Eglise d'une infinité de biens que l'union des esprits & des cœurs eut produits.

Le feu Roy Louis le Juste, content d'une administration aussi sage & pacifique qu'étoit celle de nostre Archevesque, luy avoit donné de temps en temps de nouvelles marques de son estime & de sa satisfaction, dignes de sa naissance & de son rang. Il l'avoit fait Commandeur de ses Ordres dans la promotion de 1633. ensuite Conseiller d'Etat, & dés le commencement Grand Maistre de sa Chapelle. Il ne cessa point de luy faire du bien, sans qu'il le demandât, jusqu'à la fin.

Mais aprés la mort du Roy, les infirmitez continuelles de nostre Prelat l'obligerent enfin de demander un Coadjuteur à la Reine Regente Anne d'Autriche, qui ne crut pas devoir sortir d'une Famille si fidelle pour le trouver. Elle nomma son propre neveu Jean François Paul de Gondi, dont nous allons parler. L'oncle survecut encore quelques années, jusqu'à ce que le chagrin de la disgrace d'un neveu si cher joint à ses langueurs precedentes, le porta au tombeau de ses Ancestres dans la Chapelle de Gondi à Nostre-Dame, l'an 1654. le soixante-onziéme de son âge & le trente-deuxiéme de son Episcopat.

Messire Pierre Loisel Chancelier de l'Eglise de Paris, & Curé de saint Jean en Greve, homme d'une pieté & d'un merite rare, prononça son Oraison funebre au Service solemnel de son Eglise Metropolitaine, où assisterent toutes les Compagnies avec ce qu'il y avoit de plus diſtingué à la Cour & à la Ville. Mais pour achever ſon Eloge il faudroit copier toutes les Epîtres des Livres qui luy ſont dediez dans nos Bibliotheques, & qui ſelon le raiſonnement de Meſſieurs de Sainte-Marthe dans leur *France Chrétienne*, au ſujet du Predeceſſeur, ſont autant de preuves de la continuation de l'amour des Lettres dans le Succeſſeur ,, comme il eſt hereditaire à toute cette Illuſtrę Famille.

IEAN FRANCOIS PAUL DE GONDY

Cardinal de Retz Da moiseau Souverain de Commercy et Prince deuville Archeveque de Paris abbé de S.t De nis en france de Buzay de Kimperle et de la Chaulme &c. Mort a Paris le 24. Aoust 1679. agé de 65. ans.

Sur ce paneau sont les Armes de Jean François Paul de Gondi
Souverain de Commercy, et d'Euville, Second Archevêque de Paris.
Ces mêmes ornemens Seruent pour les Armes de Pierre Cardinal de Gondi,
de Henry Cardinal de Retz, et de Jean François 1er. Archevêque de Paris.
comme elles se verront expliquées pages 386.387.388. et 389.

JEAN FRANÇOIS PAUL

DE GONDI,

CARDINAL DE RETZ,

Damoiſeau Souverain de Commercy, Prince d'Euville, ſecond Archeveſque de Paris, dernier Abbé de ſaint Denis en France.

TOUT ce qui peut former un grand homme ſe trouvoit dans le genie du Cardinal de Retz, & quoique l'Archeveſché de Paris ſoit un champ d'aſſez vaſte étenduë pour acquerir de la gloire, il étoit encore trop petit pour contenir ſes deſſeins, qui alloient aux plus grandes choſes. Ses ennemis le faiſoient paſſer pour un eſprit turbulent, & factieux, dont les penſées ne tendoient qu'à troubler l'Etat pour s'agrandir : Mais ceux qui le connoiſſoient à fond, ſçavoient bien qu'il aimoit l'ordre, la droiture & l'equité.

Il naquit à Montmirel en Brie, l'an 1614. il eut pour pere Philippe Emmanuel de Gondi, Comte de Joigny, General des Galeres de France, Chevalier des Ordres du Roy ; & pour mere Françoiſe Marguerite de Silly, Souveraine de Commercy & d'Euville. Vincent de Paul, qui fut enſuite Superieur General des Miſſionnaires de ſaint Lazare, l'inſtruiſit dans ſes Etudes, où il fit un merveilleux progrés. Il pouvoit dire avec le Pſalmiſte, qu'il en ſçavoit plus que ſes Maiſtres, ayant appris juſqu'à ſept Langues avec beaucoup de facilité, l'Hebreu, le Grec, le Latin, l'Italien, l'Eſpagnol, l'Allemand & le François, qu'il parloit avec politeſſe. Et quand l'Archeveſque de Paris ſon oncle l'obtint pour Coadjuteur, & que le Pape Urbain VIII. l'eut créé l'an 1643. Archeveſque de Corinthe, la Sorbonne l'avoit déja receu au nombre de ſes Docteurs avec beaucoup d'applaudiſſement & de grands éloges.

L'Archidiacre de Paris le felicita au nom du Chapitre ſur ſa dignité de Coadjuteur, & luy dit qu'ils eſperoient que ſuivant les traces de ſes Anceſtres il ſeroit la gloire de leur Clergé, qu'il en conſerveroit tous les droits, & qu'il en ſoutiendroit la ſplendeur. Le Coadjuteur fut ſacré Archeveſque dans le Chœur de la Metropolitaine par l'Archeveſque de Paris ſon oncle, les Eveſques d'Orleans & de Meaux Aſſiſtans. On ne peut guere voir d'ordination plus canonique. Pluſieurs Ducs & Mareſchaux de France avec d'autres grands Seigneurs ſe trouverent à la ceremonie de cette conſecration.

Les premieres années de ſa Coadjutorerie s'employerent tranquillement aux fonctions Epiſcopales. Il annonçoit la parole de Dieu, & tout le monde étoit charmé non ſeulement de ſon éloquence, mais de la force de ſon diſcours qui touchoit & penetroit les cœurs. Il officioit tres-ſouvent aux Feſtes ſolemnelles durant les infirmitez de l'Archeveſque ſon oncle, & il conferoit les ſaints Ordres dans le temps des ordinations. La Cour étant à Fontainebleau admira la Harangue qu'il fit au Roy à la teſte du Clergé de France, qui l'avoit choiſi dans ſon Aſſemblée Generale pour cette action. Elle fut bientoſt ſuivie de ſa nomination au Cardinalat, qui luy attira l'envie & enſuite toute ſorte de malheurs.

Illuſtre & grand Cardinal, voſtre deſtinée avoit été juſqu'alors trop brillante & trop heureuſe pour durer plus long-temps. Tel eſt le ſort des choſes humaines, que la Providence regle diverſement, comme elle juge à propos par des motifs inconnus aux hommes. Le Miniſtre qui tenoit alors le timon de noſtre Empire, voyoit que vous eſtiez les delices des Pariſiens, & qu'il s'étoit attiré l'averſion & la haine publique. C'étoit malgré luy que Rome vous avoit admis au Sacré College, d'où l'on tire les Souverains Pontifes. Il ſçavoit qu'il y avoit eu dans voſtre Maiſon deux Cardinaux Miniſtres d'Eſtat, & Chefs du Conſeil Royal: La ſublime capacité de voſtre genie, qu'il redoutoit, luy faiſoit apprehender, que vous ne fuſſiez élevé au Miniſtere comme vos Ayeux. Il prit donc grand ſoin de vous détruire dans l'eſprit de la Reine Regente, & de vous faire paſſer pour un homme qui fomentoit la rebellion des François, qui avoient pris les armes contre le Roy.

Ainſi noſtre nouveau Cardinal fut arreſté dans le Louvre l'an 1652. Le Doyen de Noſtre-Dame en étant averti, fit aſſembler extaordinairement le Chapitre, qui ordonna des Prieres publiques avec l'expoſition du Saint Sacrement dans l'Egliſe de Paris pour la liberté de ce grand Prelat. On le mena au Chaſteau de Vincennes, où Monſieur de Bragelonne Chanoine de Paris ſon intime ami, voulut bien ſe renfermer pour le ſoulager

ſoulager dans les ennuis, qui ſont d'ordinaire inſeparables de la priſon. Cette preuve d'amitié ſi rarement pratiquée, merite d'eſtre tranſmiſe aux Siecles futurs.

Cependant l'Archeveſché de Paris ſe trouva depourveu de Paſteur par le deceds de Monſeigneur l'Archeveſque, & par la detention du Coadjuteur. On renouvella avec inſtance de fortes ſupplications au Roy pour en obtenir la liberté : mais ſon Miniſtre inflexible le fit transferer au Château de Nantes, d'où il ſe ſauva enſuite par une corde que la Ducheſſe de Retz ſa belle-ſœur luy porta dans un coffret, l'ayant attachée à la courtine, il ſe coula juſqu'au bas de la tour, où il monta ſur l'un des chevaux que le Duc de Briſſac luy avoit envoyé. On le conduiſit à Machecoul chez ſon frere le Duc de Retz, ſous l'eſcorte de plus de ſix cens Gentilshommes, qui avoient à leur teſte le Duc de Briſſac, avec le Marquis de Sevigné. S'étant caſſé l'épaule au ſortir de ſa priſon de Nantes, quand ſon cheval s'abbatit ſous luy, il fut obligé de demeurer trois jours en ce lieu pour faire panſer ſa playe. La plûpart des Gentilshommes de Bretagne, de Poitou & d'Anjou allerent luy offrir leurs ſervices, juſqu'au peril de leurs vies. Le Cardinal les en remercia avec ſes manieres engageantes. De là il fut à Belle-Iſle, où il s'embarqua ſur mer, pour ſe retirer à Rome comme à un azile convenable à ſa dignité de Cardinal. Quand il traversa l'Espagne, sa Majesté Catholique luy fit preparer une Galere pour l'Italie, avec une offre de cinquante mille écus, & de l'Ordre de la Toison. Mais le Cardinal le remercia de l'un & de l'autre, & continuant son chemin il prit terre à Piombino.

Quand il passa par Florence pour aller à Rome, le Grand Duc le receut hors de son Palais de Lambrogiana, & le traita magnifiquement. Il y demeura quelques jours, & ensuite il fut à Rome, où il baisa les pieds de sa Sainteté, qui luy fit un accüeil favorable, y ajoutant tant de marques d'estime pour son merite, que le lendemain Elle fit tenir extraordinairement un Consistoire, pour luy donner le Chapeau de Cardinal. Il s'acquit un grand credit dans cette Cour; & on sçait qu'il eust la principale part dans les Conclaves à toutes les Eslections des Papes de son temps.

Aprés la mort du Cardinal Mazarin, les affaires estant accommodées, il n'eust pas de peine à envoyer au Roy sa demission, sur laquelle le sçavant Monsieur de Marca Archevesque de Toulouse fut nommé pour succeder à l'Archevesché de Paris: mais il mourut avant qu'il en eust receu les Bulles. Et M. de Perefixe luy succeda.

Quelques années aprés nostre Cardinal voulut mesme se demettre du Cardinalat sous Clement X. pour se délivrer des soins du Siecle, &

songer uniquement à son salut. Mais le Souverain Pontife s'y opposa, luy remontrant que l'Eglise pourroit bien encore avoir besoin de luy & de ses conseils. C'est à cette occasion qu'un éloquent Prelat faisant l'Oraison funebre de feu M. le Chancelier le Tellier, y mêla cette admirable digression toute propre à estre inserée icy.

M. de Meaux.

Mais puis-je oublier, dit-il, que je voy par tout « dans le recit de nos malheurs, cet Homme si fidele « aux particuliers, si redoutable à l'Estat, d'un ca- « ractere si haut, qu'on ne pouvoit ny l'estimer, ny « le craindre, ny l'aimer, ny le haïr à demi. Ferme « genie que nous avons vû en ébranlant l'Univers, « s'attirer une Dignité qu'il voulut à la fin quitter, « comme trop cherement achettée, ainsi qu'il eut « le courage de le connoître dans le lieu le plus émi- « nent de la Chrestienté, & enfin comme peu ca- « pable de contenter ses desirs; tant il connut son « erreur & le vuide des choses humaines. Mais pen- « dant qu'il voulut acquerir ce qu'il devoit un jour « mépriser, il remua tout par de secrets & puissans « ressorts; & aprés que tous les partis furent abba- « tus, il sembla encore se soutenir seul, & seul en- « core menacer de ses intrepides regards le Favori « victorieux. La Religion s'interesse dans ses infor- « tunes, la Ville Royale s'émeut, & Rome menace. «

Nostre grand Cardinal estoit revenu en France dés l'an 1662. & la Cour étant à Fontainebleau, il eut l'honneur d'y saluer le Roy, la Reine & la

Reine Mere, dont il fut réceu avec des marques d'estime & de bien-veillance. Sa Majesté luy donna la celebre Abbaye de saint Denis en France au lieu de l'Archevesché de Paris. Et comme il avoit emprunté beaucoup d'argent dans son long exil, il vendit genereusement ses deux Souverainetez, & ne se reserva pour sa subsistance que vingt mille livres, abandonnant tout le reste de ses revenus au payement de ses creanciers, quoique la plûpart par un espece de charme qui tient de l'enchantement, luy en offrissent encore, bien loin de luy demander ce qui leur étoit dû. Il acquitta pour onze cent dix mille écus de dettes, & se trouva en état de créer de nouvelles Pensions pour ses amis, qui en avoient besoin : en quoy un bel esprit du temps dit fort à propos, *qu'il n'a receu l'exemple de personne, & que personne ne le suivra.*

Ceux qui l'ont vû les dernieres années, l'ont trouvé plus content dans sa retraite, que s'il eut été au milieu de la Cour à la teste des affaires les plus importantes de l'Estat. Il continua dans ces saintes dispositions jusqu'au 24. d'Aoust de l'année 1679. la soixante-sixiéme de sa vie, qu'il termina par une fin tres-Chrétienne dans l'Hôtel de Lesdiguieres à Paris.

Son corps fut porté dans l'Abbaye Royale de saint Denis en France, dont il a été le dernier Abbé. Et les Religieux firent un Service solemnel pour honorer la memoire de cet illustre

Prelat, bien plus éminent par ſon merite, que par la Pourpre Romaine.

Son cœur fut porté dans l'Egliſe des Religieuſes du Calvaire du Marais, à la priere de ſon illuſtre niece Marie Catherine de Gondi, Generale de cet Ordre. La Famille y fit celebrer quarante jours aprés un Service ſolemnel, où tout ce qu'il y a de plus diſtingué dans l'Egliſe & à la Cour aſſiſta, ne pouvant aſſez regreter la perte d'un ſi grand homme.

Il y en avoit d'autant plus de ſujet, qu'on perdoit avec luy l'hiſtoire de ſa vie, qu'il avoit compoſée luy-meſme en Latin du ſtile & à la maniere des meilleurs Auteurs de l'Antiquité, y mélant les ſecrets du Cabinet, & les evenemens les plus curieux de ſon temps. Mais il n'a jamais pû ſe reſoudre à la mettre par écrit, ſe contentant de la retenir par cœur pour y faire de meures & ſerieuſes reflexions ſur la vanité des choſes de ce monde; & d'en reciter de temps en temps quelques traits à ſes amis qui l'en prioient, & qui en eſtoient toûjours charmez & édifiez tout enſemble. On ne ſe peut plaindre en cela que de ſa modeſtie, qui a privé la poſterité de ce treſor, dont elle eut tiré beaucoup de lumiere & de conſolation.

On peut dire neanmoins qu'il nous a laiſſé en cela meſme un exemple & une leçon tres-importante de ne pas toûjours publier tout ce que nous sçavons, & de sacrifier quelquefois les meilleures choses ; sur tout quand on craint qu'elles ne soient pas également bien receuës de tout le monde. A plus forte raison devroit-on s'abstenir des mauvaises qui ne peuvent faire que du bruit & avoir des suites facheuses : ce qui n'est pourtant que trop ordinaire dans nostre Siecle. Cela vaut bien les autres instructions, que nostre Grand Cardinal nous auroit laissées : De maniere qu'il est vray de dire qu'il parle mesme par son silence, & qu'il nous enseigne encore de cette maniere muette aprés sa mort, autant qu'il auroit pû faire par les actions les plus éclatantes de sa vie, & par ses plus éloquens discours.

HARDOUIN DE PEREFIXE DE BEAUMONT
Archevêque de Paris, conseillier du Roy en
ces conseils d'Estat et Priué, comandeur et
Chancellier de l'Ordre du S.t Esprit, Provise
ur de Sorbonne cy deuant Esvêque de
Rhodes. mort le 31. Decem.

HARDOÜIN DE PEREFIXE,

ARCHEVESQUE DE PARIS, Precepteur du Roy, Chancelier & Commandeur de ses Ordres, Proviseur de Sorbonne.

CE Prelat tiroit son origine de l'ancienne Maison de Beaumont en Poitou. Son frere fut tué au Siege de Dole sous le Regne de Louis XIII. où il donna plusieurs marques d'un courage intrepide. Le fils de ce vaillant Homme eut la mesme destinée à la Campagne qui preceda la paix des Pyrenées. Voila donc un frere & un neveu que nostre Archevesque perdit pour le service de l'Estat. Mais puis-je oublier parmy ces Illustres morts, un autre de ses neveux Monsieur le Comte de la Hoguette, Lieutenant General des Armées de sa Majesté. Il mourut de ses blessures en Piedmont, aprés s'estre signalé à la Bataille de la Marsale, où nous remportames la Victoire sur les Allemans & les Espagnols, qui s'étoient liguez avec d'autres Princes contre la France.

Nostre jeune Hardoüin, qu'on appelloit alors l'Abbé de Beaumont se signala d'une autre maniere dans la milice Ecclesiastique dés ses premieres années. Il acquit par ses Etudes de Sorbonne tous les Degrez jusqu'au Doctorat, qui luy firent remplir plus dignement l'Employ de President des plus fameux Actes, & enfin celuy de Proviseur de cette Eminentissime Maison, aprés la mort des Cardinaux de Richelieu & Mazarin, ausquels il succeda dans cette derniere Charge. Il reussissoit tellement dans celle de la Predication, que le premier de ces Cardinaux qui en étoit bon Juge, luy dit un jour, *que s'il n'eust pas eu la naissance & les autres qualitez qu'il portoit, il eut pû faire sa fortune par le seul talent de la Chaire.* Il l'exerça de temps en temps jusqu'à l'Episcopat où il se le rendit encore plus propre. Il ne tint pas à ce grand Cardinal qu'il ne fut le premier Evesque de la Rochelle.

Mais

Mais quelle gloire pour luy, d'avoir été choisi par l'autre Cardinal pour estre Precepteur du plus grand Roy de la terre, & que cet auguste Monarque ait declaré, qu'il devoit à son éducation la pluspart de ses connoissances ? Quel Prince a mieux possedé que luy la science de regner ? Le fameux Plutarque n'est pas moins estimé pour avoir donné ses soins à élever la jeunesse de Trajan, que d'avoir laissé à la posterité les Vies des Hommes Illustres.

Continuons celle de nostre Illustre Prelat. L'experience nous fait voir que ceux qui entrent dans l'Episcopat par la porte de l'ambition, ou par des voyes d'interest, ou en vûë de mener une vie molle & seculiere, s'acquittent indignement de leurs devoirs. On a remarqué comme un rare exemple, que M. de Perefixe n'a jamais demandé aucun Benefice au Roy, dont il étoit tendrement aimé.

Pendant qu'il étoit son Precepteur, on luy donna l'Evesché de Rhodez, sans qu'il l'eut brigué en nulle maniere. L'Employ qu'il avoit à la Cour luy paroissant incompatible avec sa nouvelle Dignité, il n'hesita point de s'en éloigner pour aller visiter son Troupeau, qui pouvoit avoir besoin de sa presence. Il partit pour aller en Roüergue, & il apprit en chemin prés d'Orleans, que la peste desoloit son Diocese, &

qu'il étoit dangereux d'y faire séjour. Nostre Prelat animé du zele d'un vray Pasteur ne laissa pas de poursuivre son voyage. *Non*, dit-il, *il faut marcher ; c'est maintenant que mon Eglise a le plus besoin de moy.* Il se rendit à Rhodez en diligence, & si-tost qu'il y fut arrivé, il distribua largement dans la Ville & à la Campagne tout ce qui pouvoit soulager les pauvres dans cette pressante necessité.

Ce voyage fut suivi de quelques autres, en vûë de secourir ses Diocesains, sçachant qu'un Evesque se doit tout entier à la garde de son Eglise, qu'il ne doit s'en éloigner que pour des raisons importantes, & que s'il luy survient du dommage, il en est ensuite responsable devant le Tribunal Souverain. O vous que la Providence a commis à veiller au salut des ames, faites reflexion que tandis que Moyse conferoit sur la montagne avec Dieu, le peuple idolatroit dans la plaine ; tant il est vray qu'un Pasteur ne peut abandonner son Troupeau pour quelque sujet que ce soit, sans l'exposer à un grand peril.

Nostre Prelat qui étoit penetré de ces veritez essentielles à son devoir, soupiroit & gemissoit dans son cœur. Considerant donc que son peu de residence à Rhodez ne pouvoit avoir d'excuse legitime pour le disculper devant Dieu, il se démit volontairement de cet Evesché entre les mains de sa Majesté. Il craignit que ne veillant pas luy-mesme à la garde de ses Brebis, & continuant plus long-temps à se revêtir de leur toison, il ne se couvrit de malediction. Il rendit au Roy ce Benefice d'une maniere si desinteressée, qu'il n'en demanda aucune recompense : sur quoy il faut remarquer qu'en se demettant de cet Evesché, il quittoit plus de quarante mille livres de rente, & qu'il n'avoit plus pour subsister qu'un mediocre revenu.

Mais le Roy qui l'aimoit tendrement trouva lieu aprés quelques années de le remettre dans l'Episcopat, & en mesme temps de l'avoir prés de sa Personne, sans luy donner nul scrupule de non residence avec son Troupeau.

L'Archevesché de Paris vint à vacquer de la maniere que nous avons vû, Sa Majesté y nomma Monseigneur de Rhodez, dont il connoissoit la capacité soutenuë d'une exacte vigilance. Ce nouveau Prelat instalé dans l'Eglise Metropolitaine de la Capitale Ville du Royaume, eut la douleur d'y trouver une grande division, fondée sur les nouvelles opinions que plusieurs Sçavans soutenoient avec opiniatreté, où ils avoient attiré une infinité de personnes de l'un & de l'autre sexe. Ses premiers soins furent employez à réunir les esprits par de sages Mandemens qu'il fit publier, les exhortant à la paix, & à bannir ces contestations de Doctrine.

Ces doux avertiſſemens n'eurent point l'effet qu'il attendoit ; & enfin il ſe vit contraint de prendre d'autres meſures.

Parmi les ſoins ſpirituels de ſon Miniſtere, il n'oublioit pas le temporel, quand il s'agiſſoit de rentrer dans les droits & dans les biens que l'on avoit uſurpez à ſon Egliſe. Il ſçavoit qu'un Eveſque eſt obligé de s'y maintenir, & que pluſieurs ſaints Prelats les ont conſervez juſqu'à ſouffrir le Martyre pour leur défenſe. Il recouvra auſſi la Juriſdiction ſpirituelle dans le Fauxbourg ſaint Germain, par une Tranſaction avantageuſe ; il acquit celle de Verſailles par un Arreſt du Conſeil, & ainſi de quelques autres lieux. Il embellit au moins les dehors de l'Archeveſché, qui en porte encore les marques. Il y commença les Conferences avec quelques-uns des plus habiles de ſon Clergé, pour la reformation des Offices de Paris, qu'il ne pût achever. Nous en verrons la ſuite ſous ſon Succeſſeur.

Les frequentes viſites qu'il fit dans ſon Dioceſe durant ſix à ſept années qu'il fut Archeveſque de Paris, firent des fruits merveilleux pour la Diſcipline Eccleſiaſtique, & il y laiſſoit toûjours pluſieurs marques de ſes charitez, outre celles qu'il faiſoit continuellement dans Paris. On luy dit un jour que l'Hôpital des Enfans Trouvez étoit reduit à l'extremité par une indigence preſſante, & que s'il n'étoit promptement ſecouru, les Adminiſtrateurs ſeroient forcez d'abandonner ces pauvres Enfans. Noſtre Archeveſque épuiſé d'argent, donna ſur l'heure un ſervice de vermeil doré, qui fut engagé pour mille écus.

Une vie ſi Chrétienne & paſſée avec rigidité dans tous les devoirs de l'Epiſcopat, ſans dépenſe ſuperfluë en table, en meubles & en équipage, finit par une mort édifiante, qui couronna tant de bonnes œuvres. Il ne preſta point l'oreille dans ſa derniere maladie, aux flateuſes eſperances de ſanté; mais ſe diſpoſant à mourir, il s'abandonna entierement aux ordres de la Divine Providence; & quand Meſſieurs du Chapitre luy porterent le Sacré Viatique, & qu'enſuite ils le prierent de leur donner ſa benediction. *Non mes freres*, leur dit-il, *je ne ſuis qu'un miſerable pecheur, je ne merite pas de recevoir le Dieu que vous m'apportez. Vous me demandez ma benediction, & je ſuis indigne de vous la donner.*

Aux derniers momens de ſa vie, parmi les fremiſſemens & les convulſions de la mort, il faiſoit des Actes de pieté avec une ferveur extraordinaire. Enfin aprés des douleurs preſſantes qu'il ſupporta toûjours conſtamment, il rendit l'eſprit entre les bras de ſon cher neveu M. l'Abbé de la Hoguette, qui venoit d'eſtre Agent du

Clergé, & qui eſt maintenant Archeveſque de Sens, digne heritier des vertus de ſon Oncle.

Son corps fut inhumé dans le Chœur de Noſtre-Dame, où on luy fit quelque temps aprés un Service ſolemnel devant un nombreux Clergé, & tous les Corps de Paris, avec les ceremonies ordinaires. Monſieur l'Abbé de Fromentieres, depuis Evêque d'Aire, prononça l'Oraiſon funebre avec l'applaudiſſement de ſes Auditeurs. Et on continuë tous les jours une recommandation particuliere à la Meſſe haute du Chapitre pour cet Illuſtre Défunt, comme il l'a ſouhaitté par ſon Teſtament, imitant en cela la pieté du Cardinal Pierre de Gondi, l'un de ſes Predeceſſeurs.

FRANCOIS DE HARLAY
du Roi en tous ces conseils,
deur des Ordres de sa Ma
Proviseur de la Maison
de celle de Navarre
blée gñal du clergé
au Cardinalat,
1695. Age
DE CHANVALON
Archeveque de Paris comman
jeste, Duc et pair de France
de Sorbonne, et Superieur
president de dix Assem
de France, et nommé
mort le 6e aoust
ans
Cl. Duflos Sculp.
le Febvre pinxit

FRANÇOIS DE HARLAY-CHANVALON,

ARCHEVESQUE DE PARIS,

Duc & Pair de France, Commandeur des Ordres du Roy, Proviseur de Sorbonne & Superieur de Navarre, nommé par sa Majesté au Cardinalat.

LES Seigneurs de Harlay ont tiré leur origine des anciens Barons de Harlay en Franche-Comté, d'où ils vinrent s'établir en France, par une disgrace qui leur arriva auprés de leur Prince, environ le commencement du quinziéme Siecle. Pluſieurs Branches ſont ſorties de cette ancienne Maiſon. Mais comme je n'entreprens pas d'en rapporter icy la Genealogie, je ne parleray que des Harlay-Chanvalons, dont feu Monſeigneur l'Archeveſque de Paris eſt deſcendu.

Il eut pour Ayeul Jacques de Harlay, ſurnommé le Beau Chanvalon, qui fut les delices & l'ornement de la Cour ſous le Regne de Henry III. Il épouſa Catherine de la Mark Boüillon; & par cette Alliance il entra dans celles de pluſieurs Princes Souverains. Entre autres il fut allié avec la Maiſon de Lorraine, ce qui l'engagea dans les intereſts de Meſſieurs de Guiſe. Il étoit Lieutenant de Roy au Gouvernement de Bourgogne où il commandoit pour la Ligue: Et s'étant jetté dans la Ville de Sens avec quelques Troupes, Henry le Grand y mit le Siege qu'il jugea à propos de lever aprés quelques jours d'attaque, ſoit pour aller à quelqu'autre expedition plus importante, ou qu'il previt que ce Siege tireroit trop en longueur par la vigoureuſe défenſe des Aſſiegez ſous la conduite du brave Chanvalon.

Il eut deux fils de ſa femme Catherine de la Mark, dont Achilles fut l'aîné; & quoy qu'il euſt pris le parti des Armes, il ne laiſſa pas de cultiver les belles Lettres, où il ſe rendit celebre par la traduction de Tacite qu'il a donnée au public

public avec une exacte fidelité. François de Harlay qui étoit le second, se dévoüa à l'Eglise; & nostre Siecle n'a guere veu de Prelat plus eclairé que luy dans les saintes Ecritures, dans les sciences des Conciles, de la Discipline & de l'Histoire Ecclesiastique, & dans la lecture des saints Peres. l'Eglise de Roüen le met au nombre de ses plus illustres Archevesques; & les Abbayes de saint Victor de Paris, & de Jumieges en Normandie, qu'il posseda successivement, font gloire de l'avoir eu pour Abbé.

Le Marquis de Chanvalon son frere épousa Oudette de Persan Bournonville, dont il eust aussi deux fils & cinq filles. L'aîné fut Bonnaventure, Marquis de Breval & Lieutenant General des Armées du Roy, dont le fils & le petit fils ont été tuez au service de sa Majesté. Le premier à la Bataille de Senef, où il étoit Guidon des Chevaux-Legers du Roy. Le dernier à celle de Nerwinde dans la Charge de Guidon des Gendarmes de sa Majesté; sa bonne mine, son air noble, sa valeur & son cœur genereux, le rendoient digne heritier du merite de ses Ancestres. Le Ciel n'a fait que nous le montrer, l'ayant enlevé à la vingt-uniéme année de son âge. Les cinq filles se consacrerent toutes à Dieu, & se rendirent dignes de gouverner de celebres Abbayes par leur propre merite, & par la consideration de leur Illustre frere, dont nous allons parler.

François de Harlay-Chanvalon second fils d'Achilles dont nous entreprenons icy l'Eloge, naquit à Paris l'an 1625. le 14. d'Aoust avec les plus beaux talens que la nature peut donner pour le corps & pour l'esprit. Les graces qui accompagnoient son enfance presagerent qu'il seroit un jour accompli dans sa personne. Il étoit grand, de belle taille, d'un air affable, majestueux & doux, d'un entretien dont la simplicité facile & delicate rendoit le tour insinuant, les agrémens & la politesse éclatoient dans ses discours & dans ses moindres actions : Enfin il n'y avoit en luy rien de commun, tout y paroissoit noble & élevé, & ce qu'il a eu encore de tres-singulier, c'est qu'il a conservé ces rares qualitez toute sa vie sans aucune diminution, jusqu'à l'âge de soixante & dix ans qu'il est mort.

Dés les premieres années de sa jeunesse, l'amour des Lettres fut sa passion dominante ; & dans cet âge impetueux où les jeunes gens ne s'occupent que de leurs plaisirs, & de mille vains amusemens, il s'appliquoit à l'étude des bons Auteurs, dont il a si bien retenu les plus beaux endroits, qu'il s'en est toûjours servi depuis au besoin qu'il en a eu dans les occasions d'écrire ou de parler, les appliquant à propos avec une presence d'esprit merveilleuse. De là vient qu'il a trouvé en luy-mesme une ressource inepuisable d'erudition sur toutes sortes de sujets, quand il s'est vû obligé de parler sans preparation & sur le champ. Nous en verrons plusieurs exemples dans la suite.

Il s'étoit attiré en Sorbonne l'applaudissement universel & l'admiration des plus sçavans Docteurs. L'Archevesque de Roüen son oncle, qui étoit consommé dans la Theologie, parut si content du progrés de ses Etudes, qu'il se démit volontairement en sa faveur de l'Abbaye de Jumieges, avec l'agrément de la Reine Regente Anne d'Autriche mere du Roy. Dés lors on regarda l'Abbé de Chanvalon comme un homme qui feroit honneur à l'Eglise, & qui en soutiendroit la gloire avec éclat.

Il s'attacha fortement à la lecture des divines Ecritures, des Conciles & des Saints Peres, sur tout à saint Augustin dans ses Traitez Polemiques contre les heresies de son temps : Et plein de sa Doctrine, il devint habile pour combattre en toute occasion les nouvelles opinions contraires aux sentimens de l'Eglise. On l'a vû souvent disputer contre les differens Défenseurs de ces nouveautez, qu'il convainquoit sans les insulter ; sa methode étant de n'user jamais d'aigreur ny d'emportement, mais de persuader la verité par les voyes les plus insinuantes. Aussi quand il fut dans l'Episcopat, en a-t-il obligé plusieurs sans peine à retracter eux-mesmes leurs erreurs. Il estima mesme plus convenable d'en étouffer quelques-unes par le silence, & tout au plus par l'autorité d'un simple Mandement publié à propos. C'est de cette maniere qu'il s'est toûjours montré fidele conservateur du depost de la saine Doctrine, de l'aveu mesme de ceux qui luy rendoient le moins de justice.

Une de ses regles de conduite étoit, quand il voyoit la verité à couvert, de conserver la paix avec un soin extrême, en fermant mesme les yeux aux infractions que quelques-uns y pouvoient apporter, à moins qu'elles ne fussent éclatantes & scandaleuses. Et en ce cas là, il suivoit encore, autant qu'il pouvoit, cette autre regle de saint Augustin, qui veut que *par la correction d'un petit nombre, on épargne la multitude.* C'est ce qu'il a toûjours pratiqué dans les deux Dioceses où nous l'allons voir successivement, aprés avoir encore remarqué par avance, la part qu'il eut à la paix de l'Eglise qui se traita en 1668. afin qu'on juge mieux de ses sentimens. Il fut porteur de la plûpart des paroles qu'on y donna, par la confiance qu'on avoit en luy & par l'accés facile qu'il avoit auprés de toutes les Puissances qui s'en meslerent.

Il a tâché de les faire garder avec toute la fidelité possible pendant le reste de sa vie : & on peut dire qu'il n'avoit rien plus à cœur, à en juger par le premier Mandement qu'il publia sur ce sujet dés le commencement de l'an 1659. long-temps avant que cette paix fut arrestée. Il commence par appeller *la Paix le legs precieux & le gage divin de l'amour de* JESUS-CHRIST, *qui a voulu luy-mesme en prendre le nom, & s'appeller nostre Paix.* Il défend ensuite tres-étroitement, *qu'on se donne ces noms de Secte & de Parti, qui sont si ennemis de la divine Paix*, qu'il appelle encore aprés saint Augustin, *la serenité de l'ame, la tranquillité de l'esprit, la simplicité du cœur, le lien de l'amour, & l'assemblage de la charité Chrétienne.* On a crû devoir établir icy tout d'un coup ses dispositions pour tout ce qui regarde la Doctrine. Revenons aux premiers degrez, par lesquels il est monté au comble des Dignitez, où il a gardé une si prudente & loüable moderation.

Lors qu'il n'étoit qu'Abbé de Jumieges, il fut Deputé du second Ordre à l'Assemblée Generale du Clergé de 1650. & il y donna des marques d'une habileté si consommée, que l'Archevesque de Roüen son oncle aprés une mûre reflexion, forma le dessein de le demander pour son Successeur à l'Eglise de Roüen, persuadé qu'il rempliroit dignement cette éminente place. Mais ce venerable Prelat voulant donner un exemple de la pureté de ſon choix, pria Meſſieurs du Clergé de luy declarer ſincerement, s'ils jugeoient que ſon neveu fut capable de remplir ce ſublime Miniſtere, & que s'ils l'en trouvoient digne, ils vouluſſent bien en rendre témoignage à la Reine Regente, pour en obtenir la nomination. L'Aſſemblée applaudit à ce choix, & deputa vers la Reine, qui nomma l'Abbé de Chanvalon à l'âge de vingt-ſix ans à l'Archeveſché de Roüen, ſur le témoignage des Prelats convoquez dans une Aſſemblée Generale du Clergé de France, qui n'eſt guere moins conſiderable qu'un Synode National.

Quand il eut receu ſes Bulles, pour éviter la diſſipation du grand monde, il ſe fit ſacrer dans le Chapitre des Chartreux de Paris, à la fin de 1651. Il partit un peu aprés pour Roüen, ſans y vouloir recevoir les honneurs d'une entrée pompeuſe, comme on avoit fait à ſes Predeceſſeurs. Il commença par benir ſon peuple le jour de la Purification à l'Autel & dans la Chaire où il fit un tres-docte Sermon dans ſon Egliſe Metropolitaine dediée à Noſtre-Dame : Et il marcha par tout deſormais ſur les traces de ſon pieux & ſçavant Oncle, & de ſes autres zelez Predeceſſeurs. Ce ſont les juſtes loüanges que luy donnent

Mrs de Sainte Marthe dans leur *France Chrétienne.*

Il mesla toûjours à l'imitation de ce cher Oncle, l'action avec l'étude, qu'il cultiva particulierement dans le fameux Château de Gaillon, que le Cardinal Georges d'Amboise grand-Oncle de son Ayeule avoit laissé à son Eglise de Roüen. Là il trouvoit une agreable solitude jointe à une autre Chartreuse toute propre à se recüeillir. Il y fit de nouveaux progrés dans toute sorte de Litterature, qui luy servit toute sa vie. Il y forma mesme une espece d'Academie de Sçavans, qui l'y venoient voir, & qui s'exerçoient avec luy d'une maniere vive, par les plus beaux traits des Orateurs & des Peres de l'Eglise, qu'il vouloit qu'on recitât par cœur. C'est ce qui augmenta sa noble facilité de parler sur le champ dans les plus fameuses Assemblées, & entr'autres dans celles de l'Academie Françoise de Paris, où il voulut bien estre associé par l'amour qu'il avoit pour les belles Lettres.

Il avoit déja fait un saint usage de son heureuse facilité, dans les fonctions sacrées de son Ministere ; & aprés avoir fait éclater en plusieurs rencontres une grande capacité, il devint souvent l'Arbitre des differens qui survinrent parmi la Noblesse. Il arriva mesme que le Parlement de Normandie s'en rapporta plusieurs fois à ses jugemens en des Causes difficiles à decider;

tant on étoit persuadé de l'étenduë de son sçavoir & de son équité naturelle.

Tandis qu'il gouverna ce Diocese, il en fit souvent la visite, principalement dans les Villes où les Calvinistes étoient les plus forts : Il entroit en lice contre leurs Ministres, & il en a confondu plusieurs qui passoient entr'eux pour les plus redoutables en Controverse. Il eut un soin fort particulier de la Ville de Diepe, dont il étoit Seigneur spirituel & temporel. Dans l'une des visites qu'il y fit, & qu'il accompagna d'une sçavante Predication, toute propre à instruire & à convertir les Religionnaires, qui y étoient en grand nombre ; leurs Ministres, autant par respect que par devoir, fermerent leur Temple & le vinrent entendre avec leur Troupeau. Ce Discours soutenu de quelques Conferences avec les principaux d'entr'eux, fut suivi de l'abjuration de plusieurs personnes considerables, & mesme quelque temps aprés de deux Ministres, qui avoüerent qu'on ne pouvoit tenir contre la force & le charme secret de leur Archevesque. Il se servoit de l'occasion de ces abjurations qu'on vouloit faire entre ses mains, pour faire de nouvelles conquestes à l'Eglise. Il y traitoit plusieurs veritez tres-importantes, & portoit le feu dans les cœurs en mesme temps qu'il éclairoit les esprits des lumieres les plus pures. Cette Ville luy devint

devint encore plus chere, & il luy rendit des ſervices efficaces à la Cour, où il obligea meſme des Miniſtres qui étoient demeurez opiniaſtres. Il diſoit qu'un bon Capitaine devoit tout mettre en uſage pour étendre l'Empire de ſon Maiſtre.

Dans les premieres années qu'il fut Archeveſque de Roüen, la France étoit dechirée par une Guerre civile, que pluſieurs François fomentoient en haine du Cardinal Mazarin, dont ils décrioient la conduite. On en vint juſqu'à proſcrire ce premier Miniſtre, & à mettre ſa teſte à prix. Noſtre Archeveſque qui ſe trouva dés-lors Preſident d'une Aſſemblée extraordinaire du Clergé convoquée à Paris, fut deputé avec trois Eveſques vers le Roy qui étoit à Tours, & dans la Harangue qu'il fit à SA MAJESTÉ, il euſt l'intrepidité malgré les puiſſans ennemis du Cardinal, de condamner cette proſcription, faiſant voir que ce Miniſtre ne meritoit pas un traitement ſi indigne & ſi injurieux à l'Egliſe, de l'honneur de laquelle il étoit plus touché que de tout le reſte. Il ajoûta que ce ſeroit une tache qui fletriroit éternellement la Regence de la Reine Mere, ſi l'on ne caſſoit cette proſcription. Leurs Majeſtez vivement touchées de ce diſcours, la firent d'abord revoquer, & le Cardinal avoüa qu'il devoit en partie ſon retour en France, & ſon rétabliſſement dans le Miniſtere, à l'Archeveſque de Roüen.

Cependant ſon Eminence ne conſerva pas long-temps le ſouvenir d'un ſi grand ſervice. Car preſidant en perſonne à une autre Aſſemblée extraordinaire du Clergé tenuë à Paris, où il mêla quelque choſe contre les intereſts du Cardinal de Retz, qui s'étoit refugié à Rome, l'Archeveſque de Roüen prit la parole, & repreſenta genereuſement au Miniſtte par un éloquent diſcours, que ſa conduite étoit contraire aux uſages de l'Egliſe. Le Cardinal irrité, luy dit, *Vous eſtes un jeune Prelat, qui voulez montrer icy voſtre éloquence mal à propos. Il eſt vray que je ſuis jeune,* luy répondit l'Archeveſque, *mais je l'étois encore plus, quand je parlay contre ceux qui vous avoient proſcrit; & dans ce temps-là vous ne me reprochiez ni ma jeuneſſe, ni mon éloquence.*

Il maintint encore avec vigueur dans d'autres rencontres fort-delicates, la Jerarchie & les droits de l'Egliſe, contre la paſſion de ce Cardinal. L'Aſſemblée ordinaire du Clergé de l'an 1655. luy ayant écrit pour ſçavoir ſes ſentimens au ſujet du Cardinal de Retz, dont ce Miniſtre diſputoit la Juriſdiction dans Paris, ſous de vains pretextes, & vouloit luy faire ſon procés ſans garder aucune forme juridique; noſtre ſçavant Archeveſque y fit une réponſe qui vaut une Diſſertation pleine d'une profonde connoiſſance de la Diſcipline de l'Egliſe, & d'une vraye liberté Epiſcopale. Elle reſte encore écrite de ſa main, avec toutes les citations ſur cette importante matiere : Elle meriteroit de voir le jour pour la force & la beauté de ce qu'elle contient.

Quelque temps aprés Meſſire Claude Auvry Eveſque de Coutance ſuffragant de Roüen, s'étant oublié de ſon devoir, juſqu'au point que de celebrer dans Paris des Ordinations, ſans en avoir les pouvoirs legitimes; noſtre Archeveſque ſon Metropolitain s'éleva avec vigueur contre cet attentat, il le declara ſuſpens de toutes ſes fonctions, ſelon les Canons, avec tous ceux qu'il avoit Ordonnez. Les plus ſages recoururent à Rome, pour s'en relever, & prevenir l'irregularité.

Tout cela n'avoit pas empeſché, au milieu de ces broüilleries, que la Cour ne jettât les yeux ſur noſtre genereux Prelat, pour luy faire le plus grand honneur qui luy pût arriver. Ce fut de mettre la Couronne ſur la teſte de noſtre invincible Monarque, au jour ſolemnel de ſon Sacre à Reims en 1654. Il n'eut garde d'oublier cette memorable action long-temps aprés, lors qu'il prit ſa ſceance au Parlement de Paris en qualité de Pair de France l'an 1690. *Il y a trente-ſix ans,* dit-il dans ſa Harangue, *que ſans en avoir le titre, j'ay eu l'avantage d'en faire la fonction dans une des plus importantes & des plus augustes Ceremonies de l'Estat: puisque je suis le seul de tous les Pairs vivans titulaires, qui ait eu la gloire de mettre la Couronne sur la teste du plus grand Monarque du monde au jour de son Sacre.*

Il avoit accompagné cette premiere action de l'air majestueux qui convenoit à une si auguste Ceremonie. Il ne l'a jamais quitté dans toutes ses fonctions, soit qu'il Officiat dans sa Cathedrale, ou à quelque autre solemnité extraordinaire, assez souvent en presence de leurs Majestez, particulierement depuis que le Roy luy eut fait l'honneur de le mettre au nombre des Commandeurs de son Ordre du Saint Esprit, dés la premiere promotion en 1662. L'Antiquité Ecclesiastique ne nous represente pas autrement les Basiles & les Ambroises, Officians devant les Empereurs. Il ne faisoit à leur exemple dans ces occasions, que les demarches convenables à sa Dignité, ce que le Roy, comme un autre Theodose, a toûjours approuvé; témoin ce qui est arrivé plusieurs fois à la reception de sa Majesté, pour les actions de graces de sa santé & de ses Victoires, où nostre Prelat representa d'abord respectueusement, que dans les regles il ne devoit que recevoir, & non pas reconduire sa Majesté, qui le trouvoit fort bon.

Il portoit cette gravité religieuse jusque dans

les moindres Ceremonies, n'en negligeant aucune. Il aſſiſtoit aux Proceſſions, aux Stations du Jubilé, qu'il n'a point manqué de faire à pied, d'une maniere édifiante, tant que ſes forces luy ont permis. Rien n'étoit plus capable d'inſpirer l'eſtime de la Religion qu'il avoit profondement gravée dans le cœur. Auſſi a-t-il recommandé ſoigneuſement juſqu'à la fin, la veneration des lieux & des choſes Saintes, par ſes Ordonnances & ſes Exhortarions, ne pouvant ſouffrir la moindre profanation dans les Chants de l'Egliſe, & dans toutes les Ceremonies ſacrées. On ſçait aſſez les divers ordres qu'il a donnez ſur ce ſujet.

Il ſçavoit que la principale fonction d'un Eveſque eſt la Predication. Il en avoit tous les talens, & il en fit uſage, autant que ſes autres occupations importantes, & les beſoins publics le permirent. Le bruit de ſon Eloquence ſe répandit de Roüen à Paris, avec tant d'éclat, qu'on le pria d'y venir preſcher un Careſme dans l'Egliſe des Minimes. On accouroit avec affluence à ſes Sermons, & l'on en ſortoit charmé : Ce qui faiſoit dire alors, qu'il étoit un autre Chryſoſtome en éminence de Dignité, de Doctrine & d'Eloquence. La comparaiſon étoit d'autant plus juſte, qu'il a toûjours beaucoup eſtimé la maniere naturelle de ſaint

Chrysostome, & qu'il eust souhaitté qu'on fut revenu à son stile d'Homelie, en bannissant de la Chaire les ornemens étrangers; ce qu'il né pouvoit trop recommander à ses Predicateurs.

Mais il y a lieu de douter, si jamais personne l'a emporté sur luy, pour la facilité de parler sur le champ dans les occasions les plus imprevûës. La Ville de Roüen fut témoin, qu'un Predicateur surpris en Chaire dans l'Eglise Metropolitaine, d'un mal subit & pressant, qui l'obligea de se retirer au commencement de son discours, nostre Archevesque qui s'y trouva present passa sur le champ de sa Chaire Episcopale dans la Chaire du Predicateur, & prenant la mesme Division qui venoit d'estre proposée, il la remplit d'un tres-beau Sermon, dont ses Auditeurs furent agreablement surpris.

A la reception du Legat Chigi à Paris, nostre Prelat n'étant encore qu'Archevésque de Roüen, fut choisi pour porter la parole comme l'organe du Clergé de France en 1664. L'action est une des plus solemnelles & des plus extraordinaires qui se fassent. Tous les Prelats vont au devant du Legat à cheval, avec leurs Chapes & le Chapeau verd, jusqu'à l'Abbaye de saint Antoine des Champs, d'où ils le conduisent à l'Eglise de Nostre-Dame. C'est au milieu de cette action que nostre Archevesque haranguant le Legat, fit un des plus éloquens Discours Latins, qu'il ait jamais fait. C'est assez dire pour ceux qui sçavent avec quelle politesse & quel succés il répondoit sur le champ aux Harangues Latines qu'on luy faisoit : ce qui devint bien plus frequent lors qu'il fut élevé à l'Archevesché de Paris, & qu'il eut reüni en sa personne le soin des deux plus florissantes Maisons de l'Université, Sorbonne & Navarre. On l'a vû quelquefois en une matinée répondre ainsi à dix ou douze Harangues Latines toutes differentes, d'une maniere tres-juste, & sans aucune preparation.

Mais il fut encore rappellé auparavant à son cher Troupeau de Roüen, par une occasion qui en auroit fait fuir tout autre moins courageux que luy. La peste desoloit sa Ville Metropolitaine en 1668. il s'y alla enfermer ; il s'exposa au peril malgré la resistance de ses amis qui ne l'y tenoient pas obligé. Il montra bien qu'il en sçavoit plus qu'eux. Dieu benit visiblement ses soins ; il donna ses ordres si à propos, que le mal cessa, & il eut la satisfaction de voir en cette occasion & dans quelques autres, des guerisons extraordinaires, qu'il attribuoit à la foy & à la docilité de ses Brebis ; ce qui redoubla l'estime & l'affection que tout le Diocese luy portoit.

L'Aventure du Predicateur de Roüen ne fut pas la seule occasion où nostre Prelat fit paroistre dans une rencontre imprevûe la presence de son esprit & sa vaste erudition. L'Assemblée Generale du Clergé tenuë à Pontoise en 1670. fut une de celles où il presida. L'Evesque de Montauban qui devoit prescher le jour de l'ouverture, se trouva malade la nuit precedente, & hors d'estat de parler en public : Il le fit sçavoir à l'Archevesque, qui n'ayant eu que deux heures pour se preparer, ne laissa pas de remplir le ministere du Predicateur, avec tant de force & d'élegance & d'une maniere si convenable à son sujet, que tous les Prelats de l'Assemblée en furent surpris d'admiration.

L'Archevesché de Paris devenu vacant par le deceds de Messire Hardoüin de Perefixe, le dernier jour de l'an 1670. Le Roy considera que ce Diocese le plus celebre de son Royaume, avoit besoin d'un Prelat qui fut doux & temperé dans la conduite des peuples, experimenté dans les Usages Ecclesiastiques, habile Theologien & Canoniste, pour decider promptement les matieres difficiles & douteuses sur le fait de la Religion. Dans cette veuë, sa Majesté nomma l'Archevesque de Roüen à l'Eglise de Paris trois jours aprés. Et cependant la voix publique avoit déja prevenu le Prince, ou plûtost le Prince & le peuple n'avoient fait que suivre les ordres du Ciel, qui avoit designé nostre

noſtre Archeveſque, par l'aſſemblage de tous ces rares talens en ſa perſonne.

Quoique cette Capitale du Royaume ſoit comme un petit monde, capable d'épuiſer l'attention du plus vigilant Paſteur, il ne s'y borna pas, il l'étendit avec toute la diligence poſſible au reſte du Dioceſe, diſtribuant par les Parroiſſes de celebres Miſſions, pour remarquer en tous les endroits les beſoins qu'avoient les ames de ſecours ſpirituels; & il y pourveut dans ſes Synodes de 1673. & 1674. par des Reglemens ſalutaires, qu'on cite encore aujourd'huy, & qui ſeront toûjours dignes d'eſtre citez avec éloge.

Il y joignit un peu aprés le Recüeil de tous les Synodes, que ſes Predeceſſeurs avoient tenus, appellé *Synodicon Pariſienſe.* Il travailla longtemps luy-meſme avec les plus habiles de ſon Clergé, au Breviaire, au Miſſel, & au Rituel de Paris, qui ſont d'excellens modeles pour les autres Egliſes. Il fit travailler enſuite à l'Hiſtoire particuliere de ſon Egliſe, qu'il eſt difficile de ſeparer de celles de toute la France, dont Paris eſt comme le centre.

Nonobſtant le concours des affaires qui ſurvenoient de tous les coſtez, & dont un autre eut été accablé, il ſoutint ſeul dans la ſuite le poids de tout ce grand Dioceſe avec plus de facilité que lors qu'il l'avoit partagé au commencement avec ses Grands Vicaires ; toûjours prest à répondre à une infinité de consultations, à resoudre les doutes, & à suppléer à tous les besoins.

Il en eut une occasion extraordinaire qui merite d'interrompre icy le cours de ses autres occupations. Etant allé, selon sa coutume, rendre compte au Roy des commissions que sa Majesté luy renvoyoit pour les affaires de la Religion, la Reine se trouva si mal que les Medecins jugerent qu'il falloit promptement luy administrer les derniers Sacremens. Le Roy pria Monseigneur l'Archevesque d'en faire la fonction. Il porta le saint Viatique ; mais avant que de l'administrer à la Reine, il fit une exhortation si forte sur le neant des choses humaines, sur la necessité d'une vive douleur d'en avoir abusé contre un Dieu si grand & si bon, & sur l'esperance que nous devions pourtant avoir en ses misericordes infinies, que le Roy & tous les assistans en furent extremement touchez.

Il avoit déja montré bien des fois qu'il étoit plus accoutumé aux pensées de la mort, que quelques-uns ne l'ont voulu faire croire aprés la sienne, par d'autres visites qu'il a renduës à des malades tant à Paris qu'à Roüen, y étant appellé dans des besoins extraordinaires. Il y a toûjours eu tout le succés & la benediction qu'on pouvoit souhaitter. Je ne dis rien de ses Sermons ſur le meſme ſujet de la mort, ni de l'Oraiſon funebre de la Reine Mere, qu'il avoit prononcée à ſon Service ſolemnel à Noſtre-Dame de Paris en 1666. quoique des Hiſtoriens publics ayent marqué la ſatisfaction generale qu'on en receut. On eſt obligé de paſſer pluſieurs autres choſes conſiderables dans l'abondance des matieres que nous fournit une ſi riche Vie. Retournons aux principales, dont il s'occupa depuis ſon établiſſement à Paris.

Les Conferences publiques de Morale, qu'il fit en 1682. 83. & 84. dans la grande Sale de ſon Palais, en preſence d'une foule de perſonnes conſiderables de tous les états, meriteroient d'eſtre écrites & tranſmiſes à la poſterité, comme un monument éternel de ſa profonde érudition & de ſon zele. Ces Conferences Eccleſiaſtiques étoient compoſées de pluſieurs Docteurs qu'il faiſoit parler avant luy. Et quoiqu'il parut qu'ils avoient épuiſé la matiere, noſtre ſçavant Archeveſque avec de nouvelles vûës découvroit encore d'autres choſes, qui leur étoient échappées & dont ils ne s'étoient pas apperçûs, quoiqu'ils euſſent l'eſprit penetrant & tres-éclairé. Quand l'un d'eux ne ſe trouvoit pas preſt, pour quelque infirmité ou autre empeſchement qui luy étoit ſurvenu, le Prelat y ſuppleoit comme il avoit accoutumé en cas pareils, ſans manquer à ſon office ordinaire pour la Concluſion. On ne citoit dans ces Conferences que l'Ecriture, les Conciles, les Papes & les Peres, pour établir ſolidement les plus purs ſentimens de la Morale Chrétienne.

Lorſque le Roy ſupprima le fameux Edit de Nantes, dans lequel Henry le Grand avoit accordé aux Calviniſtes pluſieurs graces conſiderables, dont ils s'étoient rendus indignes, noſtre Archeveſque ſoutint avec dignité les intereſts de la Religion, & ſeconda merveilleuſement le pieux deſſein de ſa Majeſté. Outre ceux qu'il alla chercher chez eux, ou dans les lieux de retraite où ils étoient, comme le bon Paſteur cherche la brebis égarée, le Palais Epiſcopal fut long-temps ouvert aux Nouveaux Convertis, & luy-même prenoit le ſoin de les inſtruire avec une douceur éclairée d'un profond ſçavoir : Il diſſipoit les tenebres qui leur offuſquoient l'entendement, & les empeſchoient d'ouvrir les yeux aux lumieres de la Verité. Par cette application continuelle, il a arreſté pluſieurs ſçavans Miniſtres, & d'autres habiles Religionnaires des Provinces, qui étoient preſts de paſſer hors du Royaume, faute de ce ſecours. Il ne craignit point d'alterer notablement ſa ſanté dans ce penible travail, & ſur les plaintes reſpectueuſes qu'un de ſes amis luy en fit, il répondit courageuſement, qu'il la ſacrifieroit volontiers pour une ſi bonne cauſe.

Non content d'avoir pourvû à ſon Dioceſe, où il eſt certain qu'il y a eu un plus grand nombre de ſinceres converſions qu'ailleurs, il procura des troupes de Miſſionnaires pour les Provinces, les excitant d'aller travailler à la Moiſſon du Seigneur, ſous l'autorité des autres Prelats. Jamais on ne publia tant de bons Livres de l'Ecriture Sainte, des Offices Divins, de Controverſe, & d'autres inſtructions ſalutaires qui luy furent dediez pour la plûpart, comme tant d'autres grands & excellens Ouvrages des Peres, des Conciles, de l'Hiſtoire & de la Diſcipline Eccleſiaſtique, qu'il favoriſa de tout ſon pouvoir, comme le Mecenas de ſon temps.

Sa reputation penetra juſques dans le Nord, d'où elle luy attira des Deputez de quelques Princes Proteſtans, pour menager par ſon moyen quelque reünion avec l'Egliſe Catholique. Leur diſcours roulla principalement ſur quatre propoſitions qu'ils vouloient qu'on leur paſſaſt, & qui regardoient la creance de la Tranſubſtantiation, celle du Purgatoire, l'uſage du Calice pour le peuple, & celui des Langues vulgaires dans le Service public de l'Egliſe. Le Prelat les demeſlant ſur le champ leur dit, qu'il y avoit deux de ces propoſitions que nous ne pouvions ni ne voulions accorder, étant en matiere de Foy, toûjours invariable : que pour les deux autres, quoy qu'elles ne regardent que la Discipline, nous pourrions à la verité, mais nous ne voulions pas les passer, à cause des inconveniens infinis qu'on en avoit déja experimentez. Une réponse si juste & si ferme pour l'interest de la Religion, les étonna, & leur fit comprendre que ce Prelat étoit au dessus de la reputation qui les avoit attirez de si loin.

Il a eu l'honneur de presider en Chef à plus de dix Assemblées Generales du Clergé. On a observé que le celebre Osius de Cordouë, qui merita le titre glorieux de Prince des Synodes, ne presida pas tant de fois aux Assemblées d'Evesques de son temps. Qu'il faisoit beau voir nostre incomparable President à la teste de cet Auguste Clergé de France, faire les ouvertures, proposer les sujets, distribuer de concert les Commissions des Bureaux, selon la capacité & le merite de chacun, & à la satisfaction de tout le monde, écouter les Rapports, resoudre les doutes, accorder les differens, applanir les difficultez & prononcer sur toutes les matieres incidentes, comme s'il les eut luy-mesme examinées le plus à fond. Enfin il a toûjours trouvé dans ces Assemblées, un juste temperamment pour accommoder les affaires temporelles de l'Estat, avec celles de l'Eglise. Les personnes équitables ont en cela loüé sa conduite, d'avoir sceu accorder par sa prudence, le Prince & tout le Clergé dans leurs differens interests.

Au commencement de cette Ligue, où presque toute l'Europe s'étoit armée contre la France, en veuë d'humilier sa gloire, le Roy eut besoin d'un secours extraordinaire d'argent. Ses Ministres luy representerent que le Clergé pouvoit luy fournir jusqu'à dix-huit millions. Nostre Prelat animé de zele en ce qui regarde l'Eglise, obtint de sa Majesté la diminution d'un tiers.

Et il arriva qu'un Conseiller d'Estat deputé, suivant la coutume, vers l'Assemblée Generale convoquée à saint Germain en Laye, s'étant avisé de dire dans sa Harangue, que les sommes accordées à sa Majesté par l'Eglise, ne l'étoient point par un Don gratuit, mais par pure dette: Nostre Archevesque qui presidoit, renversa dans sa réponse les raisonnemens de ce Deputé. Et ensuite il s'en plaignit au Roy, qui ne voulant que ses droits legitimes, ordonna d'inserer aux Registres du Conseil, qu'il recevroit en pur Don du Clergé la somme qu'il voudroit luy accorder. On peut dire avec verité, que jaloux de l'honneur du Clergé, il en a défendu les droits en plusieurs occasions importantes.

Ce qu'il a fait pour l'Eglise de Paris en particulier est tres-considerable. Le titre de Duché-

Pairie est si honorable en France, que nos plus grandes Provinces, & mesme les Princes du Sang ont tenu à grand honneur de le porter, & de joüir des prerogatives que nos Rois ont attaché à cette éclatante Dignité. Ce rang de grandeur manquoit aux Archevesques de Paris, & ceux qui gouverneront cette Eglise Metropolitaine, seront redevables de leur Duché à l'Illustre François de Harlay-Chanvalon, que Louis le Grand a bien voulu honorer d'un si beau titre, en memoire des services qu'il a rendus à l'Eglise & à l'Estat. Il ne faut pas oublier qu'il acquit encore pour son Eglise la belle maison de Conflans, qu'il y fit des dépenses tres-considerables, pour l'augmenter & l'embellir, afin de la mettre en état de recevoir ses Prelats, sans s'éloigner de Paris, aprés leurs penibles travaux. Il a étendu de plus sa Jurisdiction spirituelle sur la Ville de saint Denis en France, qui luy étoit disputée auparavant, & il a conservé avec vigueur les immunitez de son Clergé & les droits des Paroisses dans toutes les rencontres, mesme les plus delicates. Enfin il a commencé & soutenu divers Etablissemens tres-utiles à la Religion & à la pieté.

Pour ce qui le regarde personnellement, il n'a pas tenu à sa Majesté qu'il n'ait été revétu de la Pourpre Romaine, l'ayant nommé au Cardinalat sous le Pontificat d'Alexandre VIII. qui

accepta

accepta cette nomination avec éloge, & luy donna des marques de ſon eſtime, comme il en avoit receu pluſieurs autres dans des Brefs tres-obligeans de ſes Predeceſſeurs. Sa Majeſté voulut bien declarer à noſtre Prelat, que ſans les engagemens indiſpenſables de nommer un Prince Etranger, il eut été Cardinal ſous le Pontificat precedent. Ces paroles étoient un ſurcroit d'eſtime & de conſideration pour noſtre Archeveſque, & il s'en tenoit plus honoré que de la Pourpre meſme.

Ce fut au meſme temps, que le Roy voulut bien inſerer ces termes d'eſtime & de conſideration pour ſa perſonne, dans les Lettres Patentes données pour le détachement de la Terre de Breval du Domaine, dont ſa Majeſté établit pour fondement & pour motif principal, le merite perſonnel & les grands ſervices de noſtre Prelat pour l'Egliſe & pour l'Eſtat, par ces propres paroles. Et deſirant enfin donner en cette « occaſion, ainſi que dans toutes les autres qui « ſe pourront preſenter, des marques de l'eſtime « que nous avons pour les grandes qualitez de « noſtre tres-cher Couſin François de Harlay « Archeveſque de Paris, Duc & Pair de France, « & Commandeur de nos Ordres; Et de la conſi- « deration que Nous avons pour les ſervices im- « portans qu'il continuë de rendre depuis ſi long- «

M

„ temps à l'Eglise & à l'Estat, & le gré que Nous „ luy en sçavons, aussi bien que de l'attachement „ particulier qu'il a toûjours eu pour nostre Per- „ sonne, &c. Ces paroles valent un éloge tout entier de la part d'un Prince qui ne prononce que des Oracles.

Sa Majesté l'admettoit une fois la semaine à une Audiance particuliere dans son Cabinet, pour la decision des affaires Ecclesiastiques les plus importantes. Il s'y preparoit par une meure discussion qu'il en faisoit auparavant, profitant de ces longues Audiances qu'il donnoit luy-mesme dans son Palais, tant pour ce sujet, que pour les affaires particulieres de son Diocese. Il y écoutoit tout le monde avec une patience incroyable & un merveilleux discernement; & enfin il rendoit un compte fidele au Roy de ce qui pouvoit avoir rapport à sa Majesté. Il y a souvent rendu de bons offices à ceux dont il n'avoit pas sujet d'estre content, étant de son naturel bienfaisant & tres-éloigné de nuire à personne.

Le Roy convaincu de sa capacité & de sa droiture, renvoyoit des causes tres-importantes au Bureau tenu par son ordre dans l'Archevesché, où nostre Prelat presidoit à la teste de plusieurs Conseillers d'Estat, & où se trouvoit aussi tres-souvent le Pere de la Chaize Confesseur du

Roy avec lequel il examinoit auparavant dans des Conferences particulieres qu'ils avoient ensemble à l'Archevesché, les principales affaires, dont ils devoient rendre compte à sa Majesté. C'est dans ces Bureaux que les rares talens de nostre Prelat éclatoient ordinairement, pour accommoder & pour satisfaire les Parties. Combien de Familles & de Corps entiers tant Seculiers que Reguliers, sont redevables à ses veilles & à son application infatigable, du repos dont ils joüissent, & du bon ordre qu'il a procuré dans leurs affaires, où il ne se proposoit pour regle que de suivre les Regles?

La plûpart de ces affaires étoient d'une nature à estre terminées devant M. le Chancelier, par des Arrests ou des Declarations autentiques. Il est remarquable que quelque embarassées qu'elles fussent de difficultez, & de diversitez d'incidens, telle que fut celle des Dames de Remi-Remond en Lorraine, dont on comptoit plus de six cens Articles à regler avec Madame la Princesse de Salm leur Abbesse : On a tout arresté principalement sur les sages avis de nostre grand Prelat.

Il est encore tres-remarquable que dans ces celebres occasions, l'Illustre Chef de la Justice M. de Boucherat Chancelier de France deferoit tellement à l'Eglise en sa personne, qu'oubliant en quelque façon son propre rang, lorsque le Prelat assistoit aux Assemblées, il luy cedoit la premiere place au dessus de la sienne. Cela est arrivé lors mesme que l'importance des affaires obligeoit le Roy d'y joindre non seulement des Conseillers, mais des Ministres d'Estat, entre lesquels il y avoit quelquefois des Ducs & Pairs de France plus anciens que luy. L'exemple du premier Magistrat du Royaume les portoit tous sans peine à ceder la preseance à nostre Archevesque : comme on l'observa pendant toutes les seances qui se tinrent au sujet de l'Ordre de saint Lazare, dont on fit une des plus éclatantes Déliberations de ce Regne pendant les années 1691. & 1692. On remarqua aussi que le zele & la suffisance de nostre Prelat y triompherent pour le repos des Villes & des Communautez entieres qui y étoient interessées & pour la satisfaction de l'Eglise.

Luy qui donnoit la paix aux autres, n'avoit garde de troubler personne par les chicanes des procés, pour accroistre ses droits. N'a-t'il pas refusé mesme ceux que des Communautez entieres luy deferoient au prejudice des usages de leurs Superieurs Reguliers ? Il aimoit mieux rétablir la paix & la bonne intelligence entr'eux que de profiter de leur discorde; moderation rare & heroïque dans le Siecle où nous sommes, N'a-t'il pas toûjours vêcu dans une union fraternelle avec ſon Chapitre ? Auſſi eſt-il regretté encore aujourd'huy de tout ce Corps venerable, & ils en parlent d'une maniere qui fait eſperer que ſa memoire leur ſera toûjours chere. Tous les Curez de Paris diſent unanimement qu'il les a plûtoſt traitez en frere qu'en Superieur, & les autres Ordres l'ont pleuré comme leur pere.

On trouveroit peu d'exemples d'un deſinte-reſſement pareil au ſien. Il eſt mort avec le même revenu qu'il avoit à ſon entrée dans l'Archeveſché de Paris. Il auroit pû ſans doute l'augmenter conſiderablement en demandant des Abbayes, ou par d'autres moyens tres-faciles, pendant une bienveillance ſinguliere du Roy, qui a duré plus de vingt-cinq années ſans nulle diminution de credit. Il ne s'en eſt ſervi que pour procurer du bien & des graces aux autres, qui le reconnoiſſent encore aujourd'huy. Incapable luy-meſme de rien demander qui le touchât perſonnellement ou ſes proches ; il attendoit uniquement les graces de la bonté du Roy. Il a meſme rejetté des offres tres-conſiderables dont il ſe tenoit offenſé, entr'autres celuy de cinq cens mille livres que luy firent des Traitans, lors que par ſes remontrances il fit reduire à la moitié la taxe des huit millions que l'on avoit impoſé ſur les Bois des Eccleſiaſtiques.

Outre ce qu'il a fait en public pour les pauvres, & les ordres qu'il donna si à propos pour la distribution des aumônes du Roy & de quelques particuliers dans les Paroisses durant les années de cherté, & les mesures qu'il prit avec son Clergé, se taxant luy-mesme le premier au delà de la proportion qu'il gardoit avec les autres: on a sçeu depuis sa mort, par des pieces authentiques, qu'il a fait distribuer aux pauvres en dix-huit mois plus de trente mille livres de son propre argent, ne voulant que Dieu seul pour témoin d'une conduite si charitable. On a mesme appris qu'il a continué cette charité jusqu'au jour de son deceds envers des Familles entieres, qui seroient peries de honte & de misere sans cette assistance. On ne peut que s'édifier du retranchement qu'il avoit fait depuis long-temps des dépenses superfluës de sa table, & de la simplicité qu'il garda toûjours dans son équipage & dans ses ameublemens.

Que n'a-t'il pas fait pour l'administration des Hôpitaux, où ses Predecesseurs n'avoient pas eu la moindre part? Il presida aux Bureaux qu'il fit tenir sur ce sujet dans son Palais, étant bien persuadé que l'exercice de la charité est du devoir essentiel des Evesques: Il la sçût allier avec l'obligation tres-étroite de satisfaire à la Justice, sans frustrer, autant qu'il fut en son pouvoir, personne, de ce qui luy est dû legitimement.

Pour ſubvenir aux beſoins preſſants des Hôpitaux, il s'aviſa ſur la fin d'un moyen qu'il inſera meſme dans ſon dernier Mandement datté du 22. Mars 1695. & publié dans toutes les Paroiſſes de Paris. Ce fut de réduire au juſte, de concert avec Meſſieurs les Adminiſtrateurs, la petite dépenſe que pourroit faire chaque pauvre par jour, & de propoſer aux perſonnes riches & mediocres de ſe charger ſur ce pied de la nourriture de quelques-uns à proportion de leur bien. Il en prit cent pour ſa part à nourrir chaque jour dans les Hôpitaux, ce qui montoit à prés de huit mille livres par an. Il avoit tiré ce moyen des Conciles meſme & des Peres, qui l'ont propoſé pluſieurs fois pour épuiſer la miſere & la mendicité de chaque Ville, & il avoit agréé qu'on donnât une plus ample inſtruction ſur ce ſujet. On ne doute point que cet expedient n'eut réüſſi comme il avoit heureuſement commencé, ſi noſtre Prelat eut vécu plus long-temps. Mais on peut dire que le Seigneur s'eſt contenté de ſa bonne volonté pour cette œuvre de miſericorde, qu'il avoit entrepriſe. Quel bonheur pour luy d'avoir fini dans l'exercice de la charité, en conſacrant ſa plume & ſa main dans un dernier Mandement pour les pauvres !

On dit ordinairement que les hommes d'un grand merite ne devroient jamais mourir pour le bien public : Mais je les estimerois bien malheureux en leur particulier s'ils vivoient toûjours. Nostre Archevesque mourut le 6. d'Aoust 1695. d'une apoplexie assez subite, qui semble ne luy avoir pas permis de donner les derniers ordres à ses affaires. On peut pourtant dire pour les affaires publiques, dont la Providence l'avoit chargé, qu'il y avoit suffisamment pourveu, en laissant dans l'Eglise une profonde paix, dont nous n'avons qu'à desirer une longue durée.

Et pour ce qui le regarde en particulier, qui peut sans temerité juger des preparations qu'il avoit apportées ? Il n'y avoit pas longtemps que parlant en confidence à un de ses amis, d'une de ces entreprises singulieres qu'on luy attribuoit
» faussement, il fit cette humble confession, qu'en-
» core qu'il ne put pas dire, comme saint Paul,
» que sa conscience ne luy reprochât rien, il ne
» le sentoit pourtant pas coupable de ce fait-là,
» non plus que de plusieurs autres qu'on luy im-
» putoit assez souvent ; qu'il n'étoit pas justifié
» pour cela devant Dieu, duquel seul il attendoit
» le jugement, mais avec plus de misericorde que
» n'est d'ordinaire celuy des hommes, eux qui
» auroient bien plus d'interest de juger des autres
» avec misericorde, afin de la trouver à leur tour.

Il y avoit encore moins de temps, qu'il avoit parlé fort-serieusement à une autre personne de confiance

confiance de l'état de toute ſa vie, comme s'il ſe fut preparé à la mort ; l'un & l'autre de ces amis furent vivement touchez & édifiez de ces diſpoſitions.

Mais quand tout cela ne ſeroit pas, qui peut ſçavoir ce qui ſe paſſe interieurement dans les derniers momens d'une longue agonie, entre Dieu & l'ame, qui ſe détache inſenſiblement de ſes liens, pendant que tous les ſens exterieurs paroiſſent comme liez & aſſoupis ? Hé qui ſçait d'ailleurs ſi ce Paſteur ſi tendre & ſi charitable, ayant épargné autant qu'il a pû au prochain juſqu'aux moindres peines, Dieu ne luy aura pas voulu épargner les frayeurs de la mort, qui a paru à un des plus grands Genies de l'Antiquité, la plus terrible des choſes terribles ?

Enfin, il a eſté aſſez heureux pour trouver en vous, MADAME, une Illuſtre & genereuſe Amie, qui par un mouvement de reconnoiſſance fort rare, pour les bons offices que vous en avez receus dans vos propres affaires, avez bien voulu ſuppléer à la meilleure partie de ce qu'il auroit pû ordonner pour les ſiennes. Il eſt bon qu'on ſçache que vous luy avez fondé à vos dépens dans l'Egliſe de Paris, un Service complet & perpetuel, pour y faire recommander par les prieres de Meſſieurs du Chapitre, le repos de ſon ame à Dieu, & pour renouveller ſa memoire, qui leur eſt ſi chere, parmi les hommes.

Tout le Dioceſe luy avoit déja rendu ſes devoirs par des Services ſolemnels qu'on celebra dans toutes les Egliſes au temps de ſa mort. Il y en eut deux un peu aprés encore plus ſolemnels, qu'on accompagna de Pompes & d'Oraiſons funebres, l'un aux Grands Auguſtins, aux dépens & en preſence de l'Aſſemblée Generale du Clergé de France, qui duroit encore, & qui luy a rendu juſtice dans ſes Actes. M. l'Eveſque de Vabres prononça le Diſcours, & quatre autres Prelats revêtus Pontificalement, firent les Abſoutes avec M. l'Archeveſque de Toulouſe Celebrant. L'autre Service ſe fit quelque temps aprés dans le Chœur de Noſtre-Dame, où repoſe le corps de l'Illuſtre Défunt, Toutes les Compagnies y aſſiſterent à la maniere accoutumée. Madame l'Abbeſſe de Port-Royal ſa niece luy a témoigné dans ces triſtes occaſions tout ce que l'on pouvoit attendre de ſon bon cœur.

Mais outre cela & ce qui s'eſt fait dans les Provinces, il y aura tous les ans par vos liberalitez, MADAME, un Anniverſaire dans l'Egliſe de Noſtre-Dame de Paris, avec deux Meſſes baſſes le ſeptiéme d'Aouſt, lendemain de la Transfiguration qui fut le jour de ſon deceds, & tous les jours de l'année à la grande Messe du Chapitre, une Commemoration particuliere, qui ne luy est commune qu'avec deux de ses Predecesseurs, au *Memento* pour les Morts, dont le premier Enfant de Chœur vient avertir le Celebrant par ces paroles traduites du Latin; *Souvenez-vous des ames de Pierre Cardinal de Gondi, d'Hardoüin de Perefixe, & de François de Harlay Prelats de cette Eglise.*

CONCLUSION.

E ne pouvois mieux finir, ce me ſemble, ces Eloges, MADAME, que par les derniers devoirs de voſtre pieté, qui ſont autant de preuves de voſtre Religion, que de voſtre ſincere amitié.

2. Mach. Car, comme parle l'Ecriture dans une occaſion
12. „ toute ſemblable; Si vous n'aviez une ferme eſ-
„ perance de la Reſurrection, vous auriez jugé
„ ſuperflu & inutile de faire offrir ces Sacrifices
„ & ces Prieres pour les Morts. C'eſt donc une
„ ſainte & ſalutaire penſée de prier pour eux, &
ſur tout pour ceux qui ont tant prié & fait
prier pour les autres.

Vous accompliſſez encore en cela, MADAME,

un des conſeils de l'Apoſtre, qui nous exhorte à nous reſſouvenir particulierement de nos Prelats, qui nous ont annoncé la parole de Dieu, afin d'imiter leur foy. Non ſeulement vous vous en ſouvenez, mais vous contribuez de toutes les manieres à en faire reſſouvenir les autres; vous vous étendez au moins ſur tout le Siecle que nous finiſſons. Quelle gloire immortelle pour vous-meſme, MADAME, de travailler ainſi à l'immortalité des Grands Hommes qui nous ont precedé. *Hebr. 13.*

Je ne puis m'empeſcher, en finiſſant leurs Eloges, de leur appliquer ces magnifiques paroles de l'Eccleſiaſtique, ſuivant la liberté que m'en donne l'Egliſe. Rien ne juſtifie mieux tout ce que nous venons de faire à leur honneur. Loüons, dit-il, ces Hommes pleins de gloire, « qui ſont nos Peres, & dont nous tirons noſtre « origine. Le Seigneur dés LE COMMENCEMENT DU SIECLE a ſignalé dans eux ſa « Gloire & ſa Puiſſance. Ces Hommes éminens « en vertu, & recommandables par leur prudence, « ont gouverné leurs peuples. Ils ont commandé « à ceux qui vivoient de leur temps, & les peuples « ont receu de la ſolidité de leur ſageſſe des « paroles toutes ſaintes. Ils ont été riches en vertu « & ſe ſont appliquez avec ſoin à embellir leur « ame, & à gouverner leurs Maiſons en paix. Ils ſe « *Eccleſ. 44.*

» ſont acquis parmi leurs peuples une gloire qui
» eſt paſſée d'âge en âge, & on les loüe encore
» aujourd'huy pour les grandes choſes qu'ils ont
» faites pendant leur vie. Ce ſont des Hommes de
» charité & de miſericorde, dont les œuvres de
» pieté ſubſiſteront pour jamais. Les biens qu'ils
» ont laiſſez à leur poſterité, luy demeureront toû-
» jours. Leurs Neveux ſont un peuple ſaint, leur
» race ſe conſerve dans l'Alliance de Dieu. Leurs
» corps ont été enſevelis en paix, & leurs noms
» vivront dans la ſucceſſion de tous les Siecles. Que
» les peuples publient donc leur ſageſſe, & que
» l'Egliſe annonce éternellement leurs loüanges.

Eh! qui a plus de droit de s'attribuer ce dernier heritage que vous, MADAME, qui eſtes niece ou petite niece & parente de preſque tous ces grands Hommes, & qui vous rendez encore plus digne heritiere de leurs vertus. C'eſt auſſi ce que nous commençons de voir dans la perſonne de ce jeune Heros voſtre heritier & fils unique M. le Duc de Leſdiguieres, qui fait toute l'eſperance de deux des plus puiſſantes Maiſons du Royaume. Il vient de ſe ſignaler au Siege ſi perilleux de Barcelonne, & pendant toute cette importante Campagne, qui a donné la paix à l'Europe. Il s'y eſt conduit avec toute la valeur & la ſageſſe qui convenoit non ſeulement au petit-Neveu de tant d'Eminens Prelats, mais encore au fils & petit-fils de tant de grands Capitaines, Generaux d'Armées, Conneſtables, Mareſchaux, Ducs & Pairs de France, du coſté Paternel & Maternel. Que ne devons-nous pas attendre de ſi heureux commencemens ? C'eſt la derniere & la meilleure maniere de faire l'Eloge de ſes Anceſtres, que d'imiter leurs heroïques vertus, & de faire revivre leurs grandes actions.

Je mets dans ce rang l'amour des Lettres, & la bienveillance pour ceux qui en font profeſſion, dont nous avons vû tant d'inſignes exemples dans ces Eloges. Je n'avois pas beſoin pour eſtre touché des voſtres, MADAME, des genereuſes marques que vous avez eu la bonté de m'en donner en acceptant ce travail. J'en avois déja aſſez receu de preuves en mon particulier, & je m'en reſſouviendray toute ma vie avec la parfaite reconnoiſſance & le profond reſpect que vous doit,

MADAME,

Voſtre tres-humble, & tres-obeiſſant ſerviteur,
DE MARTIGNAC.

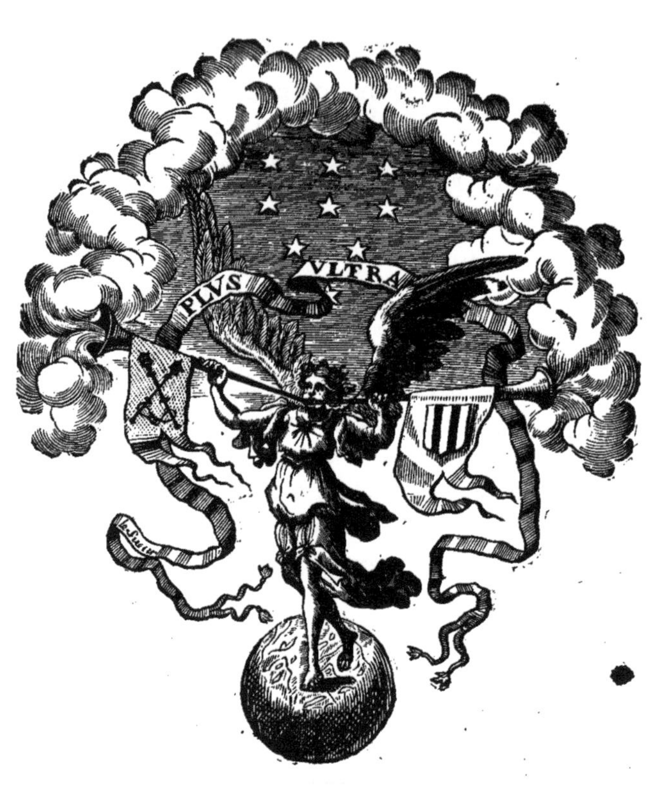
PLVS VLTRA

Approbation de Monsieur l'Abbé Courcier, Docteur de la Maison & Societé de Sorbonne, & Theologal de l'Eglise de Paris.

J'Ay lû un Manuscrit qui porte pour titre, *Eloges historiques des Evesques & Archevesques de Paris, &c.* Fait à Paris le sixiéme jour de Decembre mil six cens quatre-vingt-dix-sept.

COURCIER, Theologal de Paris

Privilege du Roy.

LOUIS par la grace de Dieu Roy de France & de Navarre : A nos amez & feaux Conseillers les Gens tenans nos Cours de Parlement, Maistres des Requestes ordinaires de nostre Hôtel, Grand Conseil, Baillifs, Seneschaux, Prevosts, leurs Lieutenans, & à tous autres nos Justiciers & Officiers qu'il appartiendra, Salut. Nostre bien amé Estienne Algay Sieur de Martignac, Nous a fait remontrer qu'il a composé un Livre intitulé, *Eloges historiques des Evesques & des Archevesques qui ont gouverné l'Eglise de Paris depuis environ un Siecle*, jusques au deceds de nostre tres-cher & bien amé Cousin François de Harlay - Chanvalon, Duc & Pair de France, Commandeur de nos Ordres, Archevesque de Paris, lequel Livre il desireroit faire imprimer & donner au public : Mais il craint qu'en ayant fait la dépense, d'autres le voulussent imprimer à son préjudice, s'il ne luy estoit pourveu de nos Lettres de Privilege sur ce necessaires, qu'il Nous a tres-humblement fait supplier luy vouloir accorder. A CES CAUSES, desirant favorablement traiter l'exposant, Nous luy avons permis & accordé, permettons & accordons par ces Presentes, de faire imprimer, vendre & debiter en tous les lieux de nostre Royaume, ledit Livre en telle marge & caractere, & autant de fois que bon luy semblera durant le temps & espace de dix années consecutives, à commencer du jour qu'il sera achevé d'imprimer pour la premiere fois, en vertu des Presentes; pendant lequel temps, Nous faisons tres-expresses défenses à tous Imprimeurs, Libraires & autres, d'imprimer, vendre & distribuer ledit livre, sous pretexte d'augmentation, correction, changement de titre, fausses marques ou autrement, ny mesme d'en faire des Extraits ou Abregez; & à tous Marchands Etrangers d'en apporter ny distribuer dans ce Royaume, d'autres impressions que de celles qui auront esté faites du consentement dudit Exposant, à peine de quinze cens livres d'amende payable par chacun des contrevenans, & applicable un tiers à Nous, un tiers à l'Hôpital General de nostre bonne Ville de Paris, & l'autre tiers à l'Exposant ou à ceux qui auront droit de luy, & confiscation des exemplaires contre-faits, & de tous dépens, dommages & interests, à condition qu'il sera mis deux exemplaires dudit Livre dans nostre Bibliotheque publique, un en celle du Cabinet de nos Livres en nostre Chasteau du Louvre, & un en celle de nostre tres-cher & feal Chevalier Chancelier de France, Commandeur de nos Ordres le Sieur Boucherat, avant que de l'exposer en vente; à la charge aussi que l'impression en sera faite dans le Royaume & non ailleurs, & que ledit Livre sera imprimé sur de beau & bon papier & de belle impression, & ce suivant ce qui est porté par les Reglemens faits pour la Librairie & Imprimerie, à peine de nullité des Presentes, lesquelles seront registrées dans le Registre de la Communauté des Imprimeurs & Libraires de nostre bonne Ville de Paris. SI VOUS MANDONS & enjoignons que du contenu en icelles, vous fassiez joüir pleinement & paisiblement l'Exposant ou ceux qui auront droit de luy, sans souffrir qu'il y soit fait aucun empeschement. Voulons aussi qu'en mettant au commencement ou à la fin dudit Livre une copie des Presentes ou extrait d'icelles, elles soient tenuës pour bien & dûement signifiées, & que foy y soit adjoûtée, & aux copies collationnées par l'un de nos amez & feaux Conseillers-Secretaires, comme à l'Original. Commandons au premier Huissier ou Sergent sur ce requis de faire pour l'execution d'icelles tous Exploits, Saisies & Actes necessaires, sans demander autre permission, nonobstant toutes oppositions, clameur de Haro, Chartre Normande, & Lettres à ce contraires? CAR tel eſt noſtre plaiſir. Donné à Paris le vingt-uniéme jour de Decembre l'an de grace mil ſix cens quatre-vingt-dix-ſept, & de noſtre Regne le cinquante-cinquiéme. Signé, Par le Roy en ſon Conſeil, GIRAUD.

Et ledit Sieur de Martignac à cedé & tranſporté ſon droit dudit Privilege, à François Muguet, premier Imprimeur du Roy, pour en joüir ſuivant l'accord fait entr'eux.

Regiſtré ſur le Livre de la Communauté des Imprimeurs & Libraires de Paris le vingt-deuxième Janvier mil ſix cens quatre-vingt-dix-huit. Signé, P. AUBOÜIN. Syndic.

Achevé d'imprimer pour la premiere fois le 28. Janvier 1698.

Les Exemplaires ont eſté fournis.